CATÉCHISME

DU

DIOCÈSE D'AUCH

PUBLIÉ PAR ORDRE

De Monseigneur J.-F.-E. RICARD

ARCHEVÊQUE D'AUCH

Ce Catéchisme ne doit pas être vendu plus de 60 centimes.

TOULOUSE
ÉDOUARD PRIVAT
LIBRAIRE-ÉDITEUR
14, rue des Arts, 14

CATÉCHISME

DU

DIOCÈSE D'AUCH

AVEC

UN ABRÉGÉ D'HISTOIRE SAINTE ET D'HISTOIRE
DE L'ÉGLISE,
UN CATÉCHISME LITURGIQUE,
LES EXERCICES DU CHRÉTIEN, QUELQUES ÉVANGILES
ET UN RECUEIL DE CANTIQUES

NOUVELLE ÉDITION

PUBLIÉE PAR ORDRE

DE Mgr JOSEPH-FRANÇOIS-ERNEST RICARD

ARCHEVÊQUE D'AUCH

TOULOUSE
IMPRIMERIE ET LIBRAIRIE ÉDOUARD PRIVAT
14, RUE DES ARTS, 14

PERMISSION D'IMPRIMER

Nous, Joseph-François-Ernest RICARD, par la miséricorde divine et la grâce du Saint-Siège Apostolique, Archevêque d'Auch, Evêque de Lectoure, Condom et Lombez,

Avons autorisé et autorisons par les présentes M. Privat, libraire-éditeur, à imprimer la nouvelle édition de notre *Catéchisme diocésain,* qui est en usage, exclusivement à tout autre, dans l'Archidiocèse.

Donné à Auch, sous notre seing, le sceau de nos armes et le contre-seing du Secrétaire général de notre Archevêché, le 8 décembre 1912, en la fête de l'Immaculée-Conception de la Vierge Marie.

† J.-F. ERNEST,
Archevêque d'Auch, Evêque de Lectoure, Condom et Lombez.

Par ordonnance de Monseigneur :

A. CLERGEAC,
Chan. honor., Secrétaire général

A NOS VÉNÉRABLES FRÈRES

DANS LE SACERDOCE,

A TOUS LES CHRÉTIENS DE L'ARCHIDIOCÈSE,

A NOS ENFANTS BIEN-AIMÉS.

L'édition nouvelle du *Catéchisme diocésain* que nous vous offrons est le fruit de la réflexion, du travail et de la prière.

Malgré les instances réitérées, que l'on nous faisait depuis longtemps, de refondre et de compléter l'ancienne édition, nous avions jusqu'ici préféré attendre, pensant avec raison qu'une œuvre de telle importance doit être mûrie longuement, préparée avec sagesse et rédigée avec une attention minutieuse.

Nous avons voulu nous associer, pour en assurer le succès, ceux de nos prêtres dont le savoir et l'expérience pouvaient le mieux nous seconder dans cette entreprise délicate; et nous ne saurions trop rendre hommage au concours intelligent qu'ils nous ont donné avec tant de dévouement.

Nous avons soumis ensuite notre travail commun à l'appréciation de tous les prêtres du diocèse, pour recueillir leurs observations et en profiter dans la mesure du possible.

De sorte que ce petit livre, qui doit être le livre de tous, est le fruit du travail de tous.

Avec quel amour vous allez le prendre en main, vous, Frères bien-aimés, établis pour être la lumière du monde! Il faut que, par vous, ce petit livre règne dans nos paroisses et que les pieuses industries de votre zèle le fassent partout connaître, accepter et aimer; vous ne voudrez pas avoir de repos que vous ne lui ayiez donné la place d'honneur au sein de nos familles.

Et vous, parents chrétiens, vous aurez à cœur de lui assurer au foyer l'autorité qu'il doit exercer sur vous et sur vos enfants. Il sera votre conseiller le plus sage, votre ami le plus vrai et le plus fidèle. Un foyer où règne le catéchisme est plus que béni de Dieu, il est honoré des hommes, parce que, presque toujours, le Ciel se plaît à faire tomber sur ce foyer les faveurs qui font les familles prospères.

Quant à vous, petits enfants, chers enfants auxquels nous devons donner la vie de la grâce, vous aimerez ce catéchisme que nous avons fait pour vous; il sera le premier livre mis en vos mains, le premier confié à votre mémoire, le premier qui fixera votre attention et préparera pour vous l'avenir qui commence.

Puisse le Sacré-Cœur de Jésus, modèle divin du prêtre, ami tendre des enfants, agréer une œuvre que nous Lui consacrons, toute destinée à Le glorifier et à Le faire aimer!

Qu'Il bénisse les efforts des pasteurs et la pieuse docilité de ceux qui savent fidèlement écouter leur voix!

Et que, Pasteurs et troupeau, nous jouissions tous un jour, au Ciel, de Celui que nous aurons cherché à connaître et à aimer ici-bas.

Auch, le 8 décembre 1912, en la fête de l'Immaculée-Conception de la Vierge Marie.

† J.-F. ERNEST,

Archevêque d'Auch, Evêque de Lectoure, Condom et Lombez.

RÉSUMÉ

DE L'ORDONNANCE DE MONSEIGNEUR L'ARCHEVÊQUE SUR LES CATÉCHISMES ET SUR LA PREMIÈRE COMMUNION

1º C'est un devoir très grave pour les parents de se préoccuper de l'instruction religieuse de leurs enfants. Ils doivent veiller à ce qu'ils assistent assidûment aux leçons du catéchisme et qu'ils l'apprennent au foyer.

2º Le prêtre a la rigoureuse obligation de faire le catéchisme, souvent, avec grand soin et piété.

3º Outre le *catéchisme élémentaire* pour les plus petits, il doit y avoir un *catéchisme de première communion* et un *catéchisme de persévérance.*

4º Vers l'âge de *sept ans*, tout enfant ayant des notions élémentaires sur les principaux mystères de la foi et sur l'Eucharistie a le *droit* et le *devoir* de recevoir la *communion privée.* Les parents qui l'en priveraient seraient indignes des sacrements.

5º Il y a obligation, dès cette heure, pour les parents et surtout pour le prêtre ayant charge d'âmes, de l'amener fréquemment à la Sainte Table.

6º Les parents ont le devoir, sous peine de refus d'absolution, d'envoyer les enfants au catéchisme, après la première communion privée.

7º Tout curé est tenu rigoureusement de les confesser et de les absoudre, au moins quatre fois par an, et de les faire participer, au moins chaque année, à une communion générale d'enfants.

8º Tous les ans, dans chaque paroisse, doit avoir lieu la Première communion solennelle, à laquelle ne sont admis que les enfants de *onze* ans et qui ont suivi, au moins pendant *deux* ans, le catéchisme préparatoire.

EXERCICES DE PIÉTÉ

PRIÈRE DU MATIN

† Au nom du Père, et du Fils, et du Saint-Esprit. Ainsi soit-il.

Esprit-Saint, venez en moi, éclairez mon âme de vos pures lumières, et embrasez mon cœur du feu sacré de votre divin amour.

Mettons-nous en la présence de Dieu.

Grand Dieu, qui êtes présent partout, me voici prosterné devant votre Majesté suprême, pour vous rendre l'honneur et le culte qui vous sont dus; daignez, Seigneur, agréer mes hommages.

ACTE DE FOI.

Mon Dieu, je crois fermement tout ce que croit et enseigne la sainte Eglise, parce que vous, qui l'avez révélé, vous êtes la vérité même, et ne pouvez ni vous tromper ni nous tromper.

ACTE D'ESPÉRANCE.

Appuyé, mon Dieu, sur votre bonté et sur vos promesses, j'espère vos grâces et mon salut, par les mérites infinis de Jésus-Christ, mon Sauveur.

ACTE DE CHARITÉ OU D'AMOUR DE DIEU.

Mon Dieu, je vous aime de tout mon cœur, par-dessus toutes choses, parce que vous êtes infiniment aimable, et j'aime mon prochain comme moi-même pour l'amour de vous.

ACTE D'ADORATION.

Mon Dieu, je vous adore, je vous reconnais pour mon créateur et mon maître, et je me soumets entièrement à vous.

ACTE DE REMERCIEMENT.

Je vous remercie, ô mon Dieu, de tous les biens que j'ai reçus de vous, principalement de m'avoir créé, de m'avoir racheté par votre Fils et de m'avoir fait enfant de l'Église.

ACTE DE DEMANDE.

Produisez, Seigneur, et augmentez en moi, sans cesse, la foi, l'espérance et la charité; accordez-moi l'amour de vos commandements, la crainte de votre jugement, l'horreur du péché, l'esprit de pénitences le bon usage des Sacrements, une volonté toujour, conforme à la vôtre et la grâce de bien mourir.

LES DIX COMMANDEMENTS DE DIEU.

1. Un seul Dieu tu adoreras
Et aimeras parfaitement.
2. Dieu en vain tu ne jureras,
Ni autre chose pareillement.
3. Les dimanches tu garderas,
En servant Dieu dévotement.
4. Tes père et mère honoreras,
Afin de vivre longuement.
5. Homicide point ne seras,
De fait ni volontairement.
6. Luxurieux point ne seras,
De corps ni de consentement.

7. Le bien d'autrui tu ne prendras,
Ni retiendras à ton escient.
8. Faux témoignage ne diras,
Ni mentiras aucunement.
9. L'œuvre de chair ne désireras
Qu'en mariage seulement.
10. Biens d'autrui ne convoiteras
Pour les avoir injustement.

LES SIX COMMANDEMENTS DE L'ÉGLISE.

1. Les dimanches, messe entendras,
Et les fêtes, pareillement.
2. Les fêtes tu sanctifieras,
Qui te sont de commandement.
3. Tous tes péchés confesseras,
A tout le moins une fois l'an.
4. Ton Créateur tu recevras,
Au moins à Pâques, humblement.
5. Quatre-Temps, Vigiles, jeûneras,
Et le Carême entièrement.
6. Vendredi, chair ne mangeras,
Ni le samedi mêmement.

Notre Père, qui êtes aux cieux, que votre nom soit sanctifié : que votre règne arrive : que votre volonté soit faite sur la terre comme au ciel. Donnez-nous aujourd'hui notre pain de chaque jour : et pardonnez-nous nos offenses comme nous pardonnons à ceux qui nous ont offensés. Et ne nous laissez pas succomber à la tentation ; mais délivrez-nous du mal. Ainsi soit-il.	Pater noster, qui es in cœlis, sanctificetur nomen tuum : adveniat regnum tuum : fiat voluntas tua, sicut in cœlo et in terra. Panem nostrum quotidianum da nobis hodie : et dimitte nobis debita nostra, sicut et nos dimittimus debitoribus nostris. Et ne nos inducas in tentationem : sed libera nos a malo. Amen.

Je vous salue, Marie, pleine de grâce; le Seigneur est avec vous; vous êtes bénie entre toutes les femmes, et Jésus, le fruit de vos entrailles, est béni.

Sainte Marie, mère de Dieu, priez pour nous, pauvres pécheurs, maintenant et à l'heure de notre mort. Ainsi soit-il.

Ave, Maria, gratia plena; Dominus tecum; benedicta tu in mulieribus, et benedictus fructus ventris tui, Jesus.

Sancta Maria, mater Dei, ora pro nobis peccatoribus, nunc et in horâ mortis nostræ. Amen.

Je crois en Dieu, le Père tout-puissant, Créateur du ciel et de la terre; et en Jésus-Christ, son Fils unique, notre Seigneur, qui a été conçu du Saint-Esprit, est né de la Vierge Marie, a souffert sous Ponce-Pilate, a été crucifié, est mort, a été enseveli, est descendu aux enfers, le troisième jour est ressuscité des morts, est monté aux cieux, est assis à la droite de Dieu le Père tout-puissant, d'où il viendra juger les vivants et les morts.

Credo in Deum, Patrem omnipotentem, Creatorem cœli et terræ; et in Jesum Christum Filium ejus unicum Dominum nostrum, qui conceptus est de Spiritu sancto, natus ex Marià Virgine, passus sub Pontio Pilato, crucifixus, mortuus et sepultus, descendit ad inferos, tertià die resurrexit a mortuis, ascendit ad cœlos, sedet ad dexteram Dei Patris omnipotentis, inde venturus est judicare vivos et mortuos.

Je crois au Saint-Esprit, à la sainte Église catholique, la communion des Saints, la rémission des péchés, la résurrection de la chair, la vie éternelle. Ainsi soit-il.

Credo in Spiritum Sanctum, sanctam Ecclesiam catholicam, Sanctorum communionem, remissionem peccatorum, carnis resurrectionem, vitam æternam. Amen.

(Pensons, quelques moments, aux péchés auxquels nous sommes le plus portés. Souvenons-nous de la résolution que nous avons prise, à notre dernière confession, de nous en corriger.)

Je confesse à Dieu tout-puissant, à la bienheureuse Marie toujours vierge, à saint Michel archange, à saint Jean-Baptiste, aux Apôtres saint

Confiteor Deo omnipotenti, beatæ Mariæ semper virgini, beato Michaeli archangelo, beato Joanni-Baptistæ, sanctis

Pierre et saint Paul, à tous les Saints (et à vous, mon père), que j'ai beaucoup péché par pensées par paroles et par actions : c'est ma faute, c'est ma faute, c'est ma très grande faute. C'est pourquoi je prie la bienheureuse Marie toujours vierge, saint Michel archange, saint Jean-Baptiste, les Apôtres saint Pierre et saint Paul, tous les Saints (et vous, mon père), de prier pour moi le Seigneur notre Dieu.	Apostolis Petro et Paulo, omnibus Sanctis (et tibi, pater), quia peccavi nimis cogitatione, verbo et opere : meâ culpâ, meâ culpâ, meâ maxima culpâ. Ideo precor beatam Mariam semper virginem, beatum Michaelem archangelum, beatum Joannem-Baptistam, sanctos Apostolos Petrum et Paulum, omnes Sanctos (et te, pater), orare pro me ad Dominum Deum nostrum.
Que le Dieu tout-puissant nous fasse miséricorde, et qu'après nous avoir pardonné nos péchés, il nous conduise à la vie éternelle. Ainsi soit-il.	Misereatur nostri omnipotens Deus, et dimissis peccatis nostris, perducat nos ad vitam æternam. Amen.
Que le Seigneur tout-puissant et miséricordieux nous accorde le pardon, l'absolution et la rémission de tous nos péchés. Ainsi soit-il.	Indulgentiam, absolutionem et remissionem peccatorum nostrorum tribuat nobis omnipotens et misericors Dominus. Amen.

ACTE DE BON-PROPOS.

Je suis trop heureux, ô mon Dieu ! que vous ayez voulu me pardonner des péchés que j'ai commis tant de fois. J'y renonce maintenant de tout mon cœur, je m'en repens, je les déteste pour l'amour de vous ; je renouvelle en votre sainte présence la résolution que j'ai prise aux pieds de votre ministre de m'en corriger, d'en éviter les occasions et d'en faire pénitence aujourd'hui et tous les jours de ma vie. Ainsi soit-il.

ACTE D'OFFRANDE.

Recevez, ô mon Dieu, l'offrande que je vous fais de mes pensées, de mes désirs, de mes paroles, de mes actions, et de toutes les peines qui m'arriveront pendant cette journée. Je vous les offre en union des actions et des souffrances de Jésus-Christ; ne permettez pas que j'aie jamais d'autres intentions que les siennes; éloignez de moi toutes les occasions de vous offenser.

Très sainte Vierge, mère de mon Sauveur, mon saint Ange gardien, mon glorieux patron *N*..., Saints et Saintes du Paradis, daignez me prendre sous votre protection; préservez-moi par vos prières de tous les accidents fâcheux qui pourraient m'arriver pendant ce jour.

LITANIES DU SAINT NOM DE JÉSUS.

Seigneur, ayez pitié de nous.	Kyrie, eleison.
Jésus-Christ, ayez pitié de nous.	Christe, eleison.
Seigneur, ayez pitié de nous.	Kyrie, eleison.
Jésus, écoutez-nous.	Jesu, audi nos.
Jésus, exaucez-nous.	Jesu, exaudi nos.
Père céleste, qui êtes Dieu, ayez pitié de nous.	Pater de cœlis, Deus, miserere nobis.
Fils, Rédempteur du monde, qui êtes Dieu,	Fili, Redemptor mundi, Deus,
Esprit-Saint, qui êtes Dieu,	Spiritus Sancte, Deus,
Sainte Trinité, qui êtes un seul Dieu,	Sancta Trinitas, unus Deus,
Jésus, Fils du Dieu vivant,	Jesu, Fili Dei vivi,
Jésus, splendeur du Père,	Jesu, splendor Patris,
Jésus, éclat de la lumière éternelle,	Jesu, candor lucis æternæ,
Jésus, roi de gloire,	Jesu, Rex gloriæ,
Jésus, soleil de justice,	Jesu, sol justitiæ,
Jésus, fils de la Vierge Marie,	Jesu, fili Mariæ Virginis,
Jésus, très aimable,	Jesu, amabilis,
Jésus, admirable,	Jesu, admirabilis,
Jésus, Dieu fort,	Jesu, Deus fortis,
Jésus, le père du siècle à venir,	Jesu, pater futuri sæculi,
Jésus, l'Ange du grand conseil,	Jesu, magni consilii Angele,
Jésus, tout-puissant,	Jesu, potentissime,

Jésus, très patient,	Jesu, patientissime,
Jésus, très obéissant,	Jesu, obedientissime,
Jésus, doux et humble de cœur,	Jesu, mitis et humilis corde,
Jésus, qui chérissez la chasteté,	Jesu, amator castitatis,
Jésus, qui nous avez tant aimés,	Jesu, amator noster,
Jésus, Dieu de paix,	Jesu, Deus pacis,
Jésus, auteur de la vie,	Jesu, auctor vitæ,
Jésus, modèle des vertus,	Jesu, exemplar virtutum,
Jésus, plein de zèle pour le salut des âmes,	Jesu, zelator animarum,
Jésus, notre Dieu,	Jesu, Deus noster,
Jésus, notre unique refuge,	Jesu, refugium nostrum,
Jésus, père des pauvres,	Jesu, pater pauperum,
Jésus, trésor des fidèles,	Jesu, thesaure fidelium,
Jésus, bon Pasteur,	Jesu, bone Pastor,
Jésus, vraie Lumière,	Jesu, Lux vera,
Jésus, Sagesse éternelle,	Jesu, Sapientia æterna,
Jésus, Bonté infinie,	Jesu, Bonitas infinita,
Jésus, notre Voie et notre Vie,	Jesu, Via et Vita nostra,
Jésus, joie des Anges,	Jesu, gaudium Angelorum,
Jésus, roi des Patriarches,	Jesu, rex Patriarcharum,
Jésus, maître des Apôtres,	Jesu, magister Apostolorum,
Jésus, docteur des Évangélistes,	Jesu, doctor Evangelistarum,
Jésus, force des Martyrs,	Jesu, fortitudo Martyrum,
Jésus, lumière des Confesseurs,	Jesu, lumen Confessorum,
Jésus, pureté des Vierges,	Jesu puritas Virginum,
Jésus, couronne et récompense de tous les Saints,	Jesu, corona Sanctorum omnium,
Soyez-nous propice, pardonnez-nous, Jésus.	Propitius esto, parce nobis, Jesu.
Soyez-nous propice, exaucez-nous, Jésus.	Propitius esto, exaudi nos, Jesu.
De tout mal, délivrez-nous, Jésus.	Ab omni malo, libera nos, Jesu.
De tout péché,	Ab omni peccato,
De votre colère,	Ab irâ tuâ,
Des embûches du démon,	Ab insidiis diaboli,

De l'esprit d'impureté,	A spiritu fornicationis,
De la mort éternelle,	A morte perpetuâ,
Du mépris de vos divines inspirations,	A neglectu inspirationum tuarum,
Par le mystère de votre sainte Incarnation,	Per mysterium sanctæ Incarnationis tuæ,
Par votre Naissance,	Per Nativitatem tuam,
Par votre Enfance,	Per Infantiam tuam,
Par votre Vie toute divine,	Per divinissimam Vitam tuam,
Par vos travaux,	Per labores tuos,
Par votre Agonie et votre Passion,	Per Agoniam et Passionem tuam,
Par votre Croix et votre délaissement,	Per Crucem, et derelictionem tuam,
Par vos langueurs,	Per languores tuos,
Par votre Mort et votre Sépulture,	Per Mortem et Sepulturam tuam,
Par votre Résurrection,	Per Resurrectionem tuam,
Par votre Ascension,	Per Ascensionem tuam,
Par l'institution que vous avez faite de la très sainte Eucharistie,	Per sanctissimæ Eucharistiæ institutionem tuam,
Par vos joies,	Per gaudia tua,
Par votre gloire,	Per gloriam tuam,
Agneau de Dieu, qui effacez les péchés du monde, pardonnez-nous, Jésus.	Agnus Dei, qui tollis peccata mundi, parce nobis, Jesu.
Agneau de Dieu, qui effacez les péchés du monde, exaucez-nous, Jésus.	Agnus Dei, qui tollis peccata mundi, exaudi nos, Jesu.
Agneau de Dieu, qui effacez les péchés du monde, faites-nous miséricorde, Jésus.	Agnus Dei, qui tollis peccata mundi, miserere nobis, Jesu.
Jésus, écoutez-nous.	Jesu, audi nos.
Jésus, exaucez-nous.	Jesu, exaudi nos.

PRIONS.	OREMUS.
Seigneur Jésus-Christ, qui avez dit : Demandez et vous recevrez, cherchez et vous trouverez, frappez à la porte et on vous ouvrira ; nous vous prions de répandre en nous	Domine Jesu Christe, qui dixisti : Petite et accipietis, quærite, et invenietis, pulsate, et aperietur vobis ; quæsumus, da nobis petentibus divinis-

votre divin amour, afin qu'il remplisse tout notre cœur, qu'il soit le principe de nos paroles et de nos actions, et que nous ne cessions jamais de vous louer.

simi tui amoris affectum, ut te toto corde, ore et opere diligamus, et a tuâ nunquam laude cessemus.

Daignez, Seigneur, graver pour toujours dans notre cœur la crainte et l'amour de votre saint Nom; car jamais votre providence n'abandonne ceux que vous affermissez dans votre amour. Vous qui vivez et régnez dans les siècles des siècles. Ainsi soit-il.

Sancti Nominis tui, Domine, timorem pariter et amorem fac nos habere perpetuum, quia nunquam tuâ gubernatione destituis quos in soliditate tuæ dilectionis instituis. Qui vivis et regnas in sæcula sæculorum. Amen.

*Récitons l'*ANGELUS, *qui se dit aussi à midi et à la fin du jour.*

Angelus Domini nuntiavit Mariæ, et concepit de Spiritu sancto. — Ave, Maria, etc.

Ecce ancilla Domini, fiat mihi secundum verbum tuum. — Ave, Maria, etc.

Et Verbum caro factum est, et habitavit in nobis. — Ave, Maria,etc.

℣ Ora pro nobis, sancta Dei Genitrix.
℟ Ut digni efficiamur promissionibus Christi.

OREMUS.

Gratiam tuam, quæsumus, Domine, mentibus nostris infunde, ut qui, Angelo nuntiante, Christi Filii tui Incarnationem cognovimus, per Passionem ejus et Crucem ad Resurrectionis gloriam perducamur. Per eumdem Christum Dominum nostrum. Amen.

PRIÈRE DU SOIR

† Au nom du Père, et du Fils, et du Saint-Esprit. Ainsi soit-il.

Esprit-Saint, venez en moi, éclairez mon âme de vos pures lumières, et embrasez mon cœur du feu sacré de votre divin amour.

Mettons-nous en la présence de Dieu.

Grand Dieu, qui êtes présent partout, me voici prosterné devant votre Majesté suprême pour vous rendre l'honneur et le culte qui vous sont dus; daignez, Seigneur, agréer mes hommages.

ACTE DE FOI.

Mon Dieu, je crois fermement tout ce que croit et enseigne la sainte Eglise, parce que vous, qui l'avez révélé, vous êtes la vérité même, et ne pouvez ni vous tromper ni nous tromper.

ACTE D'ESPÉRANCE.

Appuyé, mon Dieu, sur votre bonté et sur vos promesses, j'espère vos grâces et mon salut, par les mérites infinis de Jésus-Christ mon Sauveur.

ACTE DE CHARITÉ OU D'AMOUR DE DIEU.

Mon Dieu, je vous aime de tout mon cœur, par-dessus toutes choses, parce que vous êtes infiniment aimable, et j'aime mon prochain comme moi-même pour l'amour de vous.

ACTE D'ADORATION.

Mon Dieu, je vous adore, je vous reconnais pour mon créateur et mon maître, et je me soumets entièrement à vous.

ACTE DE REMERCIEMENT.

Je vous remercie, ô mon Dieu, de tous les biens que j'ai reçus de vous, principalement de m'avoir créé, de m'avoir racheté par votre Fils et de m'avoir fait enfant de l'Eglise.

ACTE DE DEMANDE.

Produisez, Seigneur, et augmentez en moi, sans cesse, la foi, l'espérance et la charité; accordez-moi l'amour de vos commandements, la crainte de votre jugement, l'horreur du péché, l'esprit de pénitence, le bon usage des Sacrements, une volonté toujours conforme à la vôtre, et la grâce de bien mourir.

(Examinons notre conscience sur les fautes que nous avons commises aujourd'hui, par pensées, par désirs, par paroles, par actions et par omissions. Faisons une attention particulière aux péchés auxquels nous sommes le plus portés.)

ACTE DE CONTRITION.

Mon Dieu, j'ai un extrême regret de vous avoir offensé, parce que vous êtes infiniment bon, et que le péché vous déplaît. Pardonnez-moi par les mérites de Jésus-Christ. Je me propose, moyennant votre grâce, de ne plus vous offenser et de faire pénitence.

Je confesse (*page* 10).

Prions pour les besoins de l'Église.

Exaucez, Seigneur, les prières que je vous offre pour tous les Ordres de l'Église; répandez sur nos Pasteurs et sur les fidèles les effets continuels de votre sainte bénédiction. Convertissez les pécheurs, conservez les justes, protégez mes parents, mes amis et mes ennemis, et délivrez des peines du Purgatoire les âmes des fidèles trépassés. Je vous demande ces grâces par Jésus-Christ Notre-Seigneur. Ainsi soit-il.

Notre Père — Je vous salue — Je crois en Dieu (*pages* 9 *et* 10).

Très sainte Vierge, Mère de mon Sauveur, mon saint Ange gardien, mon glorieux patron *N*..., Saints et Saintes du Paradis, daignez me prendre sous votre protection ; préservez-moi, par vos prières, de tous les accidents fâcheux qui pourraient m'arriver pendant cette nuit.

LITANIES DE LA SAINTE VIERGE.

Seigneur, ayez pitié de nous.	Kyrie, eleison.
Jésus-Christ, ayez pitié de nous.	Christe, eleison.
Seigneur, ayez pitié de nous.	Kyrie, eleison.
Jésus-Christ, écoutez-nous.	Christe, audi nos.
Jésus-Christ, exaucez-nous.	Christe, exaudi nos.
Père céleste, qui êtes Dieu, ayez pitié de nous.	Pater de cœlis, Deus, miserere nobis.
Fils, Rédempteur du monde, qui êtes Dieu, ayez pitié de nous.	Fili, Redemptor mundi, Deus, miserere nobis.
Esprit-Saint, qui êtes Dieu, ayez pitié de nous.	Spiritus Sancte, Deus, miserere nobis.
Sainte Trinité, qui êtes un seul Dieu, ayez pitié de nous.	Sancta Trinitas, unus Deus, miserere nobis.
Sainte Marie, priez pour nous.	Sancta Maria, ora pro nobis.
Sainte Mère de Dieu,	Sancta Dei Genitrix,
Sainte Vierge des vierges,	Sancta Virgo virginum,
Mère de Jésus-Christ,	Mater Christi,
Mère de la grâce divine,	Mater divinæ gratiæ,
Mère très pure,	Mater purissima,
Mère très chaste,	Mater castissima,
Mère sans tache,	Mater inviolata,
Mère sans corruption,	Mater intemerata,
Mère aimable,	Mater amabilis,
Mère admirable,	Mater admirabilis,
Mère du Bon Conseil,	Mater Boni Consilii,
Mère du Créateur,	Mater Creatoris,
Mère du Sauveur,	Mater Salvatoris,
Vierge très prudente,	Virgo prudentissima,
Vierge vénérable,	Virgo veneranda,
Vierge digne de louanges,	Virgo prædicanda,
Vierge puissante.	Virgo potens,
Vierge clémente,	Virgo clemens,
Vierge fidèle,	Virgo fidelis,
Miroir de justice,	Speculum justitiæ,
Trône de la sagesse,	Sedes sapientiæ,
Cause de notre joie,	Causa nostræ lætitiæ,
Demeure du Saint-Esprit,	Vas spirituale,

Vase d'honneur,	Vas honorabile,
Vase insigne de dévotion,	Vas insigne devotionis,
Rose mystique,	Rosa mystica,
Tour de David,	Turris Davidica,
Tour d'ivoire,	Turris eburnea,
Maison d'or,	Domus aurea,
Arche d'alliance,	Fœderis arca,
Porte du ciel,	Janua cœli,
Etoile du matin,	Stella matutina,
Santé des malades,	Salus infirmorum,
Refuge des pécheurs,	Refugium peccatorum,
Consolatrice des affligés,	Consolatrix afflictorum,
Secours des Chrétiens,	Auxilium Christianorum,
Reine des Anges,	Regina Angelorum,
Reine des Patriarches,	Regina Patriarcharum,
Reine des Prophètes,	Regina Prophetarum,
Reine des Apôtres,	Regina Apostolorum,
Reine des Martyrs,	Regina Martyrum,
Reine des Confesseurs,	Regina Confessorum,
Reine des Vierges,	Regina Virginum,
Reine de tous les Saints,	Regina Sanctorum omnium,
Reine conçue sans la tache originelle,	Regina sine labe originali concepta,
Reine du très saint Rosaire,	Regina sacratissimi Rosarii,
Agneau de Dieu, qui effacez les péchés du monde, pardonnez-nous, Seigneur.	Agnus Dei, qui tollis peccata mundi, parce nobis, Domine.
Agneau de Dieu, qui effacez les péchés du monde, exaucez-nous, Seigneur.	Agnus Dei, qui tollis peccata mundi, exaudi nos, Domine.
Agneau de Dieu, qui effacez les péchés du monde, ayez pitié de nous, Seigneur.	Agnus Dei, qui tollis peccata mundi, miserere nobis.
℣ Priez pour nous, sainte Mère de Dieu : ℟ Afin que nous devenions dignes des promesses de Jésus-Christ.	℣ Ora pro nobis, sancta Dei Genitrix : ℟ Ut digni efficiamur promissionibus Christi.

PRIONS.

Accordez à vos serviteurs, nous vous en supplions, Seigneur Dieu, de jouir toujours de la santé de l'âme et du

OREMUS.

Concede nos famulos tuos, quæsumus, Domine Deus, perpetua mentis et corporis sanitate gaudere,

corps, et par la glorieuse intercession de la bienheureuse Marie toujours Vierge, d'être délivrés des tristesses du présent et de jouir de la vie éternelle. Par Jésus-Christ, Notre-Seigneur. Ainsi soit-il.

et gloriosa beatæ Mariæ semper Virginis intercessione, a præsenti liberari tristitia et æterna perfrui lætitia. Per Christum Dominum nostrum. Amen.

Demandons à Dieu sa protection pour cette nuit.

Dans l'incertitude où je suis si la mort ne me surprendra pas cette nuit, je vous recommande mon âme, ô mon Dieu. Ne me jugez pas en votre colère, mais pardonnez-moi tous mes péchés passés; je les déteste de tout mon cœur; je vous proteste que, jusqu'au dernier soupir, je veux vous être fidèle, et que je désire ne vivre que pour vous, mon Sauveur et mon Dieu, pour l'amour duquel je pardonne à tous ceux qui m'ont offensé, comme je demande pardon à ceux que j'ai offensés.

Prions pour les âmes des fidèles trépassés.

De profundis clamavi ad te, Domine : Domine, exaudi vocem meam.

Fiant aures tuæ intendentes : in vocem deprecationis meæ.

Si iniquitates observaveris, Domine : Domine, quis sustinebit?

Quia apud te propitiatio est : et propter legem tuam sustinui te, Domine.

Sustinuit anima mea in verbo ejus : speravit anima mea in Domino.

A custodiâ matutinâ usque ad noctem : speret Israël in Domino.

Quia apud Dominum misericordia : et copiosa apud eum redemptio.

Et ipse redimet Israël : ex omnibus iniquitatibus ejus.

Requiem æternam dona eis, Domine,
Et lux perpetua luceat eis.
Requiescant in pace. ℟ Amen.

OREMUS.

Fidelium, Deus, omnium conditor et redemptor, animabus famulorum famularumque tuarum remissionem cunctorum tribue peccatorum, ut indulgentiam quam semper optaverunt, piis supplicationibus consequantur. Qui vivis et regnas in sæcula sæculorum. Amen.

ROSAIRE — MYSTÈRES DU ROSAIRE

Une pieuse coutume, qui ne saurait être trop recommandée, est de réciter parfois le chapelet en famille. Il est bon de le dire en méditant sur les mystères du Rosaire :

MYSTÈRES JOYEUX

1° *L'Annonciation.*	Fruit du Mystère :	L'Humilité.
2° *La Visitation.*	—	La Charité.
3° *La Naissance de Jésus.*	—	L'Amour de N.-S.
4° *La Purification.*	—	La Pureté de l'esprit et du corps.
5° *Jésus retrouvé.*	—	Fidélité à Jésus.

MYSTÈRES DOULOUREUX

1° *Agonie au Jardin des Oliviers.*	Fruit du Mystère :	Contrition de nos péchés.
2° *Flagellation.*	—	Garde de nos sens.
3° *Couronnement d'épines*	—	Résignation dans les humiliations.
4° *Portement de Croix.*	—	Courage dans les épreuves.
5° *Crucifiement.*	—	Horreur du péché mortel.

MYSTÈRES GLORIEUX

1° *La Résurrection.*	Fruit du Mystère :	Un grand esprit de foi.
2° *L'Ascension.*	—	Le désir du ciel.
3° *La Pentecôte.*	—	Fidélité à la grâce.
4° *La Mort de la Sainte Vierge.*	—	Une bonne mort.
5° *Son Couronnement dans le ciel.*	—	La persévérance finale.

ACTES AVANT LA COMMUNION

ACTE DE FOI ET D'ADORATION.

Fondé sur votre parole, Jésus mon Sauveur, je crois fermement que votre corps, votre sang, votre âme, votre divinité sont réellement dans le Saint-Sacrement, et je vous y adore comme mon Seigneur et mon Dieu et le Maître de l'univers.

ACTE D'HUMILITÉ.

Vous voulez, grand Dieu, venir à moi et servir de nourriture à mon âme; mais comment pouvez-vous m'honorer d'une telle faveur, moi qui ne suis que terre et poussière?

ACTE DE CONTRITION.

Ce sont mes péchés, ô Dieu de sainteté, qui me rendent encore plus indigne de vous recevoir, je les déteste de tout mon cœur, je forme en votre présence une ferme résolution de ne plus vous offenser et de faire pénitence.

ACTE D'ESPÉRANCE.

J'attends tout de votre bonté, ô Dieu de mon salut, dès que vous vous donnez à moi vous-même; j'espère fermement que ce don ineffable sera pour moi une source de grâces dans le temps et le gage de la vie éternelle.

ACTE D'AMOUR.

Ce sacrement, ô bonté infinie, est le trône de votre amour; je vous y aime de tout mon cœur, de toute mon âme, de toutes mes forces, et je préfère mourir mille fois plutôt que de perdre votre amour.

ACTE DE DÉSIR.

Je ne désire que vous, ô Dieu de mon salut! Mon âme ne soupire qu'après vous; venez donc en prendre possession. Venez, doux Jésus, dans mon cœur pour y régner à jamais.

ACTES APRÈS LA COMMUNION

ACTE D'ADMIRATION.

J'ai donc le bonheur d'être uni à vous, ô mon doux Sauveur! Vous m'avez nourri de votre chair sacrée, abreuvé de votre sang précieux. Que vous êtes bon, ô mon Dieu, que vous êtes bon!

ACTE D'ADORATION.

O mon Dieu, mon Roi, mon tout, je m'anéantis devant votre grandeur suprême; et, déjà uni à vous par la sainte Communion, je m'unis encore aux adorations que les Anges et les Saints vous rendent dans le Ciel et dans le Très Saint-Sacrement.

ACTE DE REMERCIEMENT.

Comment vous remercierai-je dignement, Seigneur, de la faveur que je viens de recevoir de votre bonté? Incapable de le faire par moi-même, je prie la Sainte Vierge et tous les Saints de vous remercier pour moi.

ACTE D'OFFRANDE.

Je me donne tout à vous, aimable Jésus, comme vous vous donnez à moi. Je vous consacre mon cœur pour n'aimer plus que vous, mon esprit pour ne l'occuper que de vous, mes biens, mon corps, ma vie, pour ne m'employer qu'à votre service et à votre gloire.

ACTE DE DEMANDE.

Demeurez en moi, aimable Jésus, détruisez mes vices, ornez mon âme de toutes les vertus, afin que je m'approche désormais de vous avec plus de sainteté, et que, après vous avoir possédé sur la terre, je puisse vous posséder dans le Ciel.

Je vous prie aussi, Seigneur, pour tous les besoins de l'Eglise. Eclairez de vos pures lumières le Souverain-Pontife, Monseigneur l'Archevêque qui gouverne ce diocèse, Monsieur le Curé de la paroisse et tout le Clergé; protégez la France, notre bien-aimée patrie; répandez vos bénédictions sur mes parents, sur mes amis et ennemis, et accordez le repos aux âmes des fidèles trépassés. Ainsi soit-il.

Récitez dévotement, devant l'image de Jésus crucifié, la prière suivante; vous gagnerez une indulgence plénière applicable aux défunts, puisque vous venez de faire la sainte communion.

Me voici, ô bon et très doux Jésus, prosterné en votre présence; je vous en prie et je vous en conjure de toute l'ardeur de mon âme, veuillez imprimer dans mon cœur de vifs sentiments de foi, d'espérance et de charité, avec un véritable repentir de mes fautes et une volonté très ferme de m'en corriger : tandis qu'avec une âme pénétrée d'un grand amour et d'une grande douleur, je considère en moi-même et je contemple en esprit vos cinq plaies, ayant devant les yeux ces paroles que déjà mettait sur vos lèvres le prophète David en parlant de vous, ô bon Jésus : « Ils ont percé mes mains et mes pieds; ils ont compté tous mes os ».

Ajoutez une prière pour les besoins de l'Église.

PRIÈRES POUR LA MESSE

AVANT LA MESSE.

Je me présente, ô mon adorable Sauveur, devant les saints autels, pour assister à votre divin sacrifice. Daignez, ô mon Dieu, m'en appliquer tout le fruit que vous souhaitez que j'en retire, et effacer par votre sang tous les péchés dont vous voyez que je suis coupable. Je les déteste, pour l'amour de vous, et je vous en demande très humblement pardon.

COMMENCEMENT DE LA MESSE.

Au nom du Père, et du Fils, et du Saint-Esprit.
Ainsi soit-il.

C'est en votre nom, adorable Trinité, c'est pour vous rendre l'honneur et les hommages qui vous sont dus, que j'assiste au très saint et très auguste sacrifice.

O Sauveur, donnez-moi les sentiments que j'aurais dû avoir sur le Calvaire, si j'avais assisté au sacrifice sanglant de votre Passion.

CONFITEOR.

Je confesse à Dieu tout-puissant, etc. (*page* 10).

KYRIE, ELEISON.

Seigneur, ayez pitié de nous (*trois fois*).	Kyrie, eleison (*ter*).
Jésus-Christ, ayez pitié...	Christe, eleison (*ter*).
Seigneur, ayez pitié...	Kyrie, eleison (*ter*).

GLORIA IN EXCELSIS.

Gloire soit à Dieu, au plus haut des cieux : et paix sur la terre aux hommes de	Gloria in excelsis Deo : et in terra pax hominibus bonæ voluntatis. Lauda-

bonne volonté. Nous vous louons, nous vous bénissons, nous vous adorons, nous vous glorifions ; nous vous rendons grâces à cause de votre gloire infinie, ô Seigneur Dieu, roi du ciel, Dieu Père tout-puissant, ô Seigneur, Fils unique de Dieu, Jésus-Christ, Seigneur Dieu, Agneau de Dieu, Fils du Père. Vous qui effacez les péchés du monde, ayez pitié de nous; vous qui effacez les péchés du monde, recevez notre prière. Vous qui êtes assis à la droite du Père, ayez pitié de nous. Car vous êtes le seul Saint, le seul Seigneur, le seul Très-Haut, ô Jésus-Christ, avec le Saint-Esprit, en la gloire de Dieu le Père.

Ainsi soit-il.

mus te. Benedicimus te. Adoramus te. Glorificamus te. Gratias agimus tibi propter magnam gloriam tuam, Domine Deus, rex cœlestis, Deus Pater omnipotens, Domine, Fili unigenite, Jesu Christe. Domine Deus, Agnus Dei, Filius Patris. Qui tollis peccata mundi, miserere nobis. Qui tollis peccata mundi, suscipe deprecationem nostram. Qui sedes ad dexteram Patris, miserere nobis. Quoniam tu solus Sanctus. Tu solus Dominus. Tu solus Altissimus, Jesu Christe. Cum Sancto Spiritu in gloria Dei Patris.

Amen.

ORAISON.

Accordez-nous, Seigneur, par l'intercession de la sainte Vierge et des Saints que nous honorons, toutes les grâces que votre ministre vous demande pour lui et pour nous. Donnez à tous les secours qui sont nécessaires pour obtenir la vie éternelle. Nous vous le demandons au nom de Jésus-Christ Notre-Seigneur. Ainsi soit-il.

ÉPITRE.

Mon Dieu, vous m'avez appelé à la connaissance de votre sainte loi, préférablement à tant de peuples qui vivent dans l'ignorance de vos mystères. Je l'accepte de tout mon cœur, cette divine loi; et j'écoute avec respect les oracles sacrés que vous avez prononcés par la bouche de vos Prophètes et de vos Apôtres. A leur exemple, je veux vous aimer et m'attacher uniquement à vous.

ÉVANGILE.

Ce ne sont plus, ô mon Dieu, les Prophètes ni les Apôtres qui vont m'instruire de mes devoirs; c'est votre Fils unique; c'est sa parole que je vais entendre.

Je crois, Seigneur Jésus, mais inspirez-moi le courage et la force de pratiquer ce que je crois; et ne me jugez pas sur l'opposition que je mets si souvent entre vos maximes et ma conduite.

CREDO.

Je crois en un seul Dieu, Père tout-puissant, qui a fait le ciel et la terre, toutes les choses visibles et invisibles. Et en un seul Seigneur Jésus-Christ, Fils unique de Dieu, qui est né du Père avant tous les siècles; Dieu de Dieu, lumière de lumière, vrai Dieu de vrai Dieu; qui n'a pas été fait, mais engendré; qui est consubstantiel au Père, par qui toutes choses ont été faites; qui est descendu des cieux pour nous hommes et pour notre salut; qui s'est incarné dans le sein de la Vierge Marie, par l'opération du Saint-Esprit, et s'est fait homme; qui a été crucifié pour nous; a souffert la mort sous Ponce-Pilate, et a été mis dans le tombeau; qui est ressuscité le troisième jour, suivant les Ecritures; qui est monté au ciel et est assis à la droite du Père; qui viendra de nouveau, plein de gloire, juger les vivants et les morts, et dont le règne n'aura pas

Credo in unum Deum Patrem omnipotentem, factorem cœli et terræ, visibilium omnium et invisibilium. Et in unum Dominum Jesum Christum, Filium Dei unigenitum. Et ex Patre natum ante omnia sæcula. Deum de Deo, lumen de lumine, Deum verum de Deo vero. Genitum, non factum, consubstantialem Patri; per quem omnia facta sunt. Qui propter nos homines, et propter nostram salutem descendit de cœlis. Et incarnatus est de Spiritu Sancto ex Maria Virgine : Et homo factus est. Crucifixus etiam pro nobis; sub Pontio Pilato, passus, et sepultus est. Et resurrexit tertia die, secundum Scripturas. Et ascendit in cœlum, sedet ad dexteram Patris. Et iterum venturus est cum gloria judicare vivos et mortuos, cujus regni non

de fin. Je crois au Saint-Esprit, qui est aussi Seigneur, et qui donne la vie, qui procède du Père et du Fils, qui est adoré et glorifié conjointement avec le Père et le Fils, qui a parlé par les Prophètes. Je crois l'Eglise qui est une, sainte, catholique et apostolique. Je confesse qu'il y a un baptême pour la rémission des péchés, et j'attends la résurrection des morts et la vie des siècles à venir.

Ainsi soit-il.

erit finis. Et in Spiritum Sanctum, Dominum, et vivificantem, qui ex Patre Filioque procedit. Qui cum Patre et Filio simul adoratur, et conglorificatur; qui locutus est per Prophetas. Et unam, sanctam, catholicam, et apostolicam Ecclesiam. Confiteor unum baptisma in remissionem peccatorum. Et exspecto resurrectionem mortuorum. Et vitam venturi sæculi.

Amen.

OFFERTOIRE.

Dieu tout-puissant et éternel, quelque indigne que je sois de paraître devant vous, j'ose vous présenter, par les mains du prêtre, ce pain et ce vin qui vont être changés au corps et au sang de votre Fils.

O Père éternel, je vous offre mon Sauveur Jésus-Christ, et je m'offre en lui et par lui avec toute l'Eglise, dans les intentions qu'il a eues en s'offrant à vous sur la croix.

Mais, en vous offrant cette adorable victime, je vous recommande, ô mon Dieu, toute l'Eglise catholique, notre saint Père le Pape, notre Archevêque, notre curé, notre patrie, nos familles et les âmes du purgatoire.

PRÉFACE.

Voici l'heureux moment où le Roi des anges et des hommes va paraître. Seigneur, remplissez-moi de votre esprit; que mon cœur, dégagé de la terre, ne pense qu'à vous.

Souffrez, Seigneur, que j'unisse mes faibles louanges à celles des esprits bienheureux pour adorer votre sainteté infinie et dire avec eux :

SANCTUS.

Saint, Saint, Saint est le Seigneur, le Dieu des armées. Les cieux et la terre sont remplis de votre gloire; Hosanna au plus haut des cieux. Béni soit celui qui vient au nom du Seigneur; Hosanna au plus haut des cieux.

Sanctus, Sanctus, Sanctus Dominus, Deus Sabaoth. Pleni sunt cœli et terra gloria tua; Hosanna in excelsis. Benedictus qui venit in nomine Domini; Hosanna in excelsis.

LE CANON.

Nous vous conjurons au nom de Jésus-Christ votre Fils et notre Seigneur, ô Père infiniment miséricordieux, d'avoir pour agréable et de bénir l'offrande que nous vous présentons, afin qu'il vous plaise de conserver, de défendre et de gouverner votre sainte Eglise catholique, avec tous les membres qui la composent : le Pape, notre Archevêque, et généralement tous ceux qui font profession de votre sainte loi.

Nous vous recommandons en particulier, Seigneur, nos parents, nos amis, nos bienfaiteurs et tous ceux qui sont présents à cet adorable sacrifice, et particulièrement *N**** et *N****.

Que n'ai-je en ce moment, ô mon Dieu, les désirs enflammés avec lesquels les saints Patriarches souhaitaient la venue du Messie! Que n'ai-je leur foi et leur amour! Venez, Seigneur Jésus, venez! j'incline mon front devant vous en signe de foi, de reconnaissance et d'amour.

ÉLÉVATION.

Au moment où le prêtre élève l'Hostie consacrée, il faut la regarder, avant de s'incliner pour l'adorer, et dire : Mon Seigneur et mon Dieu! *(Ind. de 7 ans et 7 quarantaines.)*

O Jésus, mon Sauveur, vrai Dieu et vrai homme, je crois que vous êtes réellement présent dans cette sainte Hostie et dans le calice que je vois sur l'autel. Je vous y adore avec humilité, je vous aime de tout mon cœur. Et comme vous y venez pour l'amour de moi, je me consacre entièrement à vous.

C'est maintenant, éternelle Majesté, que nous vous offrons véritablement la victime pure, sainte et sans tache qu'il vous a plu de nous donner vous-même.

Nous vous l'offrons, Seigneur, en mémoire de la Passion, de la Résurrection et de l'Ascension de votre divin Fils. Recevez ce corps adorable et ce sang précieux; et en échange, accordez votre bénédiction aux vivants et aux âmes des fidèles qui sont morts dans la paix de l'Eglise, et particulièrement à l'âme de *N**** et de *N****.

PATER NOSTER.

Il faut réciter Notre Père *avec le prêtre dans des sentiments d'humilité, de respect et de confiance.*

AGNUS DEI.

Agneau de Dieu, qui effacez les péchés du monde, ayez pitié de nous.	Agnus Dei, qui tollis peccata mundi, miserere nobis.
Agneau de Dieu, qui effacez les péchés du monde, ayez pitié de nous.	Agnus Dei, qui tollis peccata mundi, miserere nobis.
Agneau de Dieu, qui effacez les péchés du monde, donnez-nous la paix.	Agnus Dei, qui tollis peccata mundi, dona nobis pacem.

COMMUNION.

Si l'on communie sacramentellement, réciter les actes page 22; tout au moins dire avec humilité :

Seigneur, je ne suis pas digne de vous recevoir; mais, je vous en conjure, suppléez à l'indisposition de mon âme. Pardonnez-moi tous mes péchés; je les déteste de tout mon cœur, parce qu'ils vous déplaisent. Recevez le désir sincère que j'ai de m'unir spirituellement à vous.

O Jésus, augmentez ma foi par la vertu de ce divin sacrement, fortifiez mon espérance, redoublez mon amour, et remplissez mon âme de toutes les vertus que vous exigez de moi.

DERNIÈRES ORAISONS.

Vous venez, ô mon Dieu, de vous immoler pour mon salut; je veux me sacrifier pour votre gloire. J'accepte donc de bon cœur toutes les croix qu'il vous plaira de m'envoyer; je les bénis, je les reçois de votre main, et je les unis à la vôtre. Puissé-je par ce moyen effacer jusqu'aux moindres taches du péché et rester toujours fidèle à votre loi.

BÉNÉDICTION.

Bénissez, ô mon Dieu, ces saintes résolutions; bénissez-nous tous par la main de votre ministre, et que les effets de votre bénédiction demeurent éternellement sur nous. Au nom du Père, et du Fils, et du Saint-Esprit. Ainsi soit-il.

DERNIER ÉVANGILE.

Verbe divin, Fils unique du Père, lumière du monde, qui, vous étant fait homme par amour pour nous, avez institué cet auguste sacrifice, je vous remercie de la grâce que vous m'avez faite d'y assister aujourd'hui; et je vous demande pardon de toutes les fautes que j'ai pu y commettre. Ne souffrez pas que je tombe dans le même aveuglement que ces malheureux qui aiment mieux devenir esclaves de Satan que d'avoir part à la glorieuse adoption d'enfants de Dieu, que vous venez leur procurer. Faites-moi la grâce, Seigneur Jésus, de ne laisser échapper aujourd'hui aucune parole, de ne faire aucune action, et de ne former aucun désir ni aucune pensée qui me fasse perdre le fruit de la messe que je viens d'entendre. Ainsi soit-il.

PRIÈRES APRÈS LA MESSE BASSE

(Prescrites par S. S. Léon XIII.)

Je vous salue, Marie, etc. (*3 fois.*)

Salut, ô Reine, Mère de miséricorde, notre vie, nos délices, notre espérance, salut! Exilés, enfants d'Eve, nous crions vers vous; vers vous, nous soupirons, gémissant et pleurant dans cette vallée de larmes. O vous donc, notre avocate, tournez vers nous vos yeux compatissants. Et montrez-nous, après cet exil, Jésus, le fruit béni de votre sein. O clémente, ô miséricordieuse, ô douce Vierge Marie.

(*Voir cette prière en latin, page 40.*)

℣ Priez pour nous, sainte Mère de Dieu,

℟ Afin que nous devenions dignes des promesses de Jésus-Christ.

PRIONS.

O Dieu, notre refuge et notre force, jetez un regard favorable sur le peuple qui crie vers vous; et, par l'intercession de la glorieuse et immaculée Vierge Marie, Mère de Dieu, de saint Joseph, son époux, des saints Apôtres Pierre et Paul, et de tous les Saints, écoutez avec miséricorde et bonté les prières que nous répandons devant vous pour la conversion des pécheurs, la liberté et l'exaltation de notre mère la sainte Eglise. Par Jésus-Christ Notre-Seigneur. Ainsi soit-il.

Saint Michel archange, défendez-nous dans le combat; soyez notre secours contre la malice et les embûches du démon. — Que Dieu exerce sur lui son empire, nous le demandons en suppliant; et vous, prince de la milice céleste, repoussez en enfer Satan et les autres esprits mauvais qui sont répandus dans le monde, en vue de perdre les âmes. Ainsi soit-il.

(300 jours d'indulgences.)

Cœur Sacré de Jésus, ayez pitié de nous (*3 fois*).

(Indulgence de 7 années et 7 quarantaines.)

RÉPONSES DU SERVANT DE MESSE

L'enfant qui a le grand honneur de servir à la messe doit s'en acquitter avec attention, respect et dévotion.
La messe est annoncée par un roulement de sonnette.

Le prêtre : Introibo ad altare Dei.

Le servant : *Ad Deum qui lætificat juventutem meam.*

Le prêtre : Judica me, Deus....., erue me.

Le servant : *Quia tu es, Deus, fortitudo mea; quare me repulisti? Et quare tristis incedo, dum affligit me inimicus?*

Le prêtre : Emitte lucem tuam... in tabernacula tua.

Le servant : *Et introibo ad altare Dei; ad Deum qui lætificat juventutem meam.*

Le prêtre : Confitebor tibi..... conturbas me?

Le servant : *Spera in Deo, quoniam adhuc confitebor illi; salutare vultus mei, et Deus meus.*

Le prêtre : Gloria Patri..... Sancto.

Le servant : *Sicut erat in principio, et nunc, et semper; et in sæcula sæculorum. Amen.*

Le prêtre : Introibo ad altare Dei.

Le servant : *Ad Deum qui lætificat juventutem meam.*

Le prêtre : Adjutorium nostrum in nomine Domini.

Le servant : *Qui fecit cœlum et terram.*

Le prêtre : Confiteor..... Deum nostrum.

Le servant : (Un peu incliné vers le célébrant.) *Misereatur tui omnipotens Deus, et dimissis peccatis tuis, perducat te ad vitam æternam.*

Le prêtre : Amen.

Le servant : *Confiteor Deo omnipotenti, beatæ Mariæ semper virgini, beato Michaeli archan-*

gelo, beato Joanni Baptistæ, sanctis Apostolis Petro et Paulo, omnibus Sanctis, et tibi, pater, quia peccavi nimis cogitatione, verbo et opere : mea culpa, mea culpa, mea maxima culpa. Ideo precor beatam Mariam semper virginem, beatum Michaelem archangelum, beatum Joannem Baptistam, sanctos Apostolos Petrum et Paulum, omnes Sanctos, et te, pater, orare pro me ad Dominum Deum nostrum.

En disant : *et tibi pater, — et te pater,* **le servant** incline la tête vers le célébrant.

Le prêtre : Misereatur tui..... vitam æternam.

Le servant : *Amen.*

Le prêtre : Indulgentiam... misericors Dominus.

Le servant : *Amen.*

Le prêtre : Deus, tu conversus vivificabis nos.

Le servant : *Et plebs tua lætabitur in te.*

Le prêtre : Ostende nobis, Domine, misericordiam tuam.

Le servant : *Et salutare tuum da nobis.*

Le prêtre : Domine, exaudi orationem meam.

Le servant : *Et clamor meus ad te veniat.*

Le prêtre : Dominus vobiscum.

Le servant : *Et cum spiritu tuo.*

Le prêtre : Kyrie, eleison.

Le servant : *Kyrie, eleison.*

Le prêtre : Kyrie, eleison.

Le servant : *Christe, eleison.*

Le prêtre : Christe, eleison.

Le servant : *Christe, eleison.*

Le prêtre : Kyrie, eleison.

Le servant : *Kyrie, eleison.*

Le prêtre : Kyrie, eleison.

Le prêtre : Dominus vobiscum.

Le servant : *Et cum spiritu tuo.*

Le servant, après chaque oraison, dit : *Amen*, et, à la fin de l'épître : *Deo gratias.*

Avant l'Evangile, **le servant** change le missel de côté, en ayant soin de ne pas toucher le missel lui-même.

Le prêtre : Dominus vobiscum.

Le servant : *Et cum spiritu tuo.*

Le prêtre : Initium *ou* Sequentia sancti Evangelii secundum N.

Le servant : *Gloria tibi, Domine;* et, à la fin de l'Evangile, il répond : *Laus tibi, Christe.*

Après le *Credo,* il présente les burettes, comme il lui aura été montré.

Le prêtre : Orate fratres..... omnipotentem.

Le servant : *Suscipiat Dominus sacrificium de manibus tuis, ad laudem et gloriam nominis sui, ad utilitatem quoque nostram, totiusque Ecclesiæ suæ sanctæ.*

Le prêtre : Per omnia sæcula sæculorum.

Le servant : *Amen.*

Le prêtre : Dominus vobiscum.

Le servant : *Et cum spiritu tuo.*

Le prêtre : Sursum corda.

Le servant : *Habemus ad Dominum.*

Le prêtre : Gratias agamus Domino Deo nostro.

Le servant : *Dignum et justum est.*

Le servant sonne trois coups au *Sanctus*, et six fois pendant la consécration.

Le prêtre : Per omnia sæcula sæculorum.

Le servant : *Amen.*

Le prêtre : Pater noster..... in tentationem.

Le servant : *Sed libera nos a malo.*

Le prêtre : Per omnia sæcula sæculorum.

Le servant : *Amen.*

Le prêtre : Pax Domini sit semper vobiscum.

Le servant : *Et cum spiritu tuo.*

A chaque *Domine, non sum dignus,* il sonne un coup distinct; il récite le *Confiteor,* s'il y a des communions; puis, il présente les burettes et transporte le livre, en faisant toujours la génuflexion jusqu'à terre devant la croix.

Le prêtre : Ite, missa est *ou* Benedicamus Domino.

Le servant : *Deo gratias.*

Le prêtre, aux messes pour les défunts, dit : Requiescant in pace.

Le servant : *Amen.*

Le prêtre : Benedicat vos..... et Spiritus Sanctus.

Le servant : *Amen.*

Le prêtre : Dominus vobiscum.

Le servant : *Et cum spiritu tuo.*

Le prêtre : Initium sancti Evangelii secundum Joannem.

Le servant : *Gloria tibi, Domine;* et à la fin de l'Evangile, il dit : *Deo gratias.*

PRIÈRES APRÈS LA MESSE BASSE.

Voyez-les, page 31.
Si elles sont dites en latin :

Le prêtre : Ave Maria..... Jesus.

Le servant : *Sancta Maria, mater Dei, ora pro nobis peccatoribus, nunc et in horâ mortis nostræ. Amen.*

Le prêtre : Ora pro nobis, sancta Dei Genitrix.

Le servant : *Ut digni efficiamur promissionibus Christi.*

Nota. — Deux ou trois exercices apprendront au servant ce que, par brièveté, nous avons omis.

VÊPRES DU DIMANCHE

Deus, in adjutorium meum intende :

Domine, ad adjuvandum me festina.

Gloria Patri, et Filio, et Spiritui Sancto.

Sicut erat in principio, et nunc, et semper, et in sæcula sæculorum. Amen. Alleluia.

*Depuis la Septuagésime jusqu'à Pâques, au lieu d'*Alleluia *on dit :* Laus tibi, Domine, Rex æternæ gloriæ.

Psaume 109.

Dixit Dominus Domino meo : * Sede a dextris meis.

Donec ponam inimicos tuos : * scabellum pedum tuorum.

Virgam virtutis tuæ emittet Dominus ex Sion : * dominare in medio inimicorum tuorum.

Tecum principium in die virtutis tuæ, in splendoribus sanctorum : * ex utero ante luciferum genui te.

Juravit Dominus, et non pœnitebit eum : * Tu es sacerdos in æternum secundum ordinem Melchisedech.

Dominus a dextris tuis : * confregit in die iræ suæ reges.

Judicabit in nationibus, implebit ruinas : * conquassabit capita in terra multorum.

De torrente in via bibet : * propterea exaltabit caput.

Gloria Patri, etc.

Psaume 110.

Confitebor tibi, Domine, in toto corde meo : * in concilio justorum et congregatione.

Magna opera Domini : * exquisita in omnes voluntates ejus.

Confessio et magnificentia opus ejus : * et justitia ejus manet in sæculum sæculi.

Memoriam fecit mirabilium suorum, misericors et miserator Dominus : * escam dedit timentibus se :

Memor erit in sæculum testamenti sui : * virtutem operum suorum annuntiabit populo suo.

Ut det illis hæreditatem gentium : * opera manuum ejus veritas et judicium.

Fidelia omnia mandata ejus, confirmata in sæculum sæculi : * facta in veritate et æquitate.

Redemptionem misit populo suo : * mandavit in æternum testamentum suum.

Sanctum et terribile nomen ejus : * initium sapientiæ timor Domini.

Intellectus bonus omnibus facientibus eum : * laudatio ejus manet in sæculum sæculi.

Gloria Patri, etc.

Psaume 111.

Beatus vir, qui timet Dominum : * in mandatis ejus volet nimis.

Potens in terra erit semen ejus : * generatio rectorum benedicetur.

Gloria et divitiæ in domo ejus : * et justitia ejus manet in sæculum sæculi.

Exortum est in tenebris lumen rectis : * misericors, et miserator, et justus.

Jucundus homo qui miseretur et commodat, disponet sermones suos in judicio : * quia in æternum non commovebitur.

In memoria æterna erit justus : * ab auditione mala non timebit.

Paratum cor ejus sperare in Domino, confirmatum est cor ejus : * non commovebitur donec despiciat inimicos suos.

Dispersit, dedit pauperibus, justitia ejus manet in sæculum sæculi : * cornu ejus exaltabitur in gloria.

Peccator videbit, et irascetur, dentibus suis fremet et tabescet . * desiderium peccatorum peribit.

Gloria Patri, etc.

Psaume 112.

Laudate, pueri, Dominum : * laudate nomen Domini.

Sit nomen Domini benedictum : * ex hoc nunc, et usque in sæculum.

A solis ortu usque ad occasum : * laudabile nomen Domini.

Excelsus super omnes gentes Dominus : * et super cœlos gloria ejus.

Quis sicut Dominus Deus noster, qui in altis habitat : * et humilia respicit in cœlo et in terra?

Suscitans a terra inopem : * et de stercore erigens pauperem.

Ut collocet eum cum principibus : * cum principibus populi sui.

Qui habitare facit sterilem in domo : * matrem filiorum lætantem.

Gloria Patri, etc.

Psaume 113.

In exitu Israël de Ægypto : * domus Jacob de populo barbaro.

Facta est Judæa sanctificatio ejus : * Israël potestas ejus.

Mare vidit et fugit : * Jordanis conversus est retrorsum.

Montes exultaverunt ut arietes ; * et colles sicut agni ovium.

Quid est tibi mare, quod fugisti ? * Et tu, Jordanis, quia conversus es retrorsum ?

Montes, exultastis sicut arietes ? * et colles, sicut agni ovium ?

A facie Domini mota est terra : * a facie Dei Jacob.

Qui convertit petram in stagna aquarum : * et rupem in fontes aquarum.

Non nobis, Domine, non nobis : * sed nomini tuo da gloriam.

Super misericordià tuà et veritate tuà : * nequando dicant gentes : Ubi est Deus eorum ?

Deus autem noster in cœlo : * omnia quæcumque voluit fecit.

Simulacra gentium argentum et aurum : * opera manuum hominum.

Os habent, et non loquentur : * oculos habent et non videbunt.

Aures habent, et non audient : * nares habent, et non odorabunt.

Manus habent, et non palpabunt, pedes habent et non ambulabunt : * non clamabunt in gutture suo.

Similes illis fiant qui faciunt ea : * et omnes qui confidunt in eis.

Domus Israël speravit in Domino : * adjutor eorum et protector eorum est.

Domus Aaron speravit in Domino : * adjutor eorum et protector eorum est.

Qui timent Dominum speraverunt in Domino : * adjutor eorum et protector eorum est.

Dominus memor fuit nostri : * et benedixit nobis.

Benedixit domui Israël : * benedixit domui Aaron.

Benedixit omnibus qui timent Dominum : * pusillis cum majoribus.

Adjiciat Dominus super vos : * super vos, et super filios vestros.

Benedicti vos a Domino : * qui fecit cœlum et terram.

Cœlum cœli Domino : * terram autem dedit filiis hominum.

Non mortui laudabunt te, Domine : * neque omnes, qui descendunt in infernum.

Sed nos qui vivimus, benedicimus Domino : * ex hoc nunc et usque in sæculum.

Gloria Patri, etc.

Si on chante le Laudate, *voyez page 42.*

Cantique de la Sainte Vierge.

Magnificat * anima mea Dominum.

Et exultavit spiritus meus : * in Deo salutari meo.

Quia respexit humilitatem ancillæ suæ : * ecce enim ex hoc beatam me dicent omnes generationes.

Quia fecit mihi magna qui potens est : * et sanctum nomen ejus.

Et misericordia ejus a progenie in progenies : * timentibus eum.

Fecit potentiam in brachio suo : * dispersit superbos mente cordis sui.

Deposuit potentes de sede : * et exaltavit humiles.

Esurientes implevit bonis : * et divites dimisit inanes.

Suscepit Israël puerum suum : * recordatus misericordiæ suæ.

Sicut locutus est ad patres nostros : * Abraham, et semini ejus in sæcula.

Gloria Patri, etc.

Antiennes à la Sainte Vierge.

De l'Avent à la Purification.

Alma Redemptoris mater, quæ pervia cœli

Porta manes, et stella maris, succurre cadenti.

Surgere qui curat, populo, tu quæ genuisti,

Natura mirante, tuum sanctum genitorem :

Virgo prius ac posterius, Gabrielis ab ore

Sumens illud Ave, peccatorum miserere.

Depuis la Purification jusqu'au Jeudi-Saint.

Ave, Regina cœlorum,
Ave, Domina Angelorum :
Salve, radix, salve, porta,
Ex qua mundo lux est orta.

Gaude, Virgo gloriosa,
Super omnes speciosa :
Vale, o valde decora,
Et pro nobis Christum exora.

Pendant le temps Pascal.

Regina cœli, lætare, alleluia.

Quia quem meruisti portare, alleluia,

Resurrexit sicut dixit, alleluia.

Ora pro nobis Deum, alleluia.

Depuis la Trinité jusqu'à l'Avent.

Salve, regina, mater misericordiæ ; vita, dulcedo et spes nostra, salve. Ad te clamamus exsules, filii Evæ ; ad te suspiramus, gementes et flentes in hac lacrymarum valle. Eia ergo, advocata nostra, illos tuos misericordes oculos ad nos converte. Et Jesum, benedictum fructum ventris tui, nobis post hoc exilium ostende. O clemens ! o pia ! o dulcis Virgo Maria !

SALUT DU T. S.-SACREMENT

O salutaris Hostia,
Quæ cœli pandis ostium.
Bella premunt hostilia,
Da robur, fer auxilium.

Uni trinoque Domino
Sit sempiterna gloria :
Qui vitam sine termino
Nobis donet in patria.
Amen.

Sub tuum præsidium confugimus, sancta Dei Genitrix. Nostras deprecationes ne despicias in necessitatibus; sed a periculis cunctis libera nos semper, Virgo gloriosa et benedicta.

Cor Jesu sacratissimum, miserere nobis. *(3 fois.)*

Parce, Domine, parce populo tuo;
Ne in æternum irascaris nobis. *(3 fois.)*

Tantum ergo sacramentum
Veneremur cernui :
Et antiquum documentum
Novo cedat ritui ;
Præstet fides supplementum
Sensuum defectui.

Genitori, Genitoque,
Laus et jubilatio,
Salus, honor, virtus quoque,
Sit et benedictio ;
Procedenti ab utroque
Compar sit laudatio.
Amen.

℣ Panem de cœlo præstitisti eis (alleluia);
℟ Omne delectamentum in se habentem (alleluia).

Les fidèles inclinent la tête pendant que le prêtre bénit avec l'ostensoir : et, après la bénédiction, ils répètent à haute voix les **Louanges** *suivantes :*

Dieu soit béni!
Béni soit son saint Nom!

Béni soit Jésus-Christ, vrai Dieu et vrai homme!
Béni soit le Nom de Jésus!
Béni soit son Sacré-Cœur!
Béni soit Jésus au T. S. Sacrement de l'autel!
Bénie soit l'auguste mère de Dieu, la très sainte Vierge Marie!
Bénie soit sa sainte et Immaculée Conception!
Béni soit le Nom de Marie, vierge et mère!
Béni soit Dieu dans ses Anges et dans ses Saints!

Laudate Dominum, omnes gentes : * laudate eum, omnes populi.

Quoniam confirmata est super nos misericordia ejus : * et veritas Domini manet in æternum.

Gloria Patri, etc.

Adoremus in æternum sanctissimum Sacramentum. *(2 fois.)*

A la Sainte Vierge.

Ave, maris stella,
Dei mater alma,
Atque semper virgo,
Felix cœli porta.

Sumens illud Ave
Gabrielis ore,
Funda nos in pace,
Mutans Evæ nomen.

Solve vincla reis,
Profer lumen cæcis,
Mala nostra pelle,
Bona cuncta posce.

Monstra te esse matrem,
Sumat per te preces,
Qui pro nobis natus,
Tulit esse tuus.

Virgo singularis,
Inter omnes mitis,
Nos culpis solutos,
Mites fac et castos.

Vitam præsta puram,
Iter para tutum,
Ut videntes Jesum,
Semper collætemur.

Sit laus Deo Patri,
Summo Christo decus,
Spiritui sancto,
Tribus honor unus. Amen.

Au Saint-Esprit pour la Confirmation.

Veni, creator Spiritus,
Mentes tuorum visita,
Imple superna gratia
Quæ tu creasti pectora.

Qui diceris Paraclitus,
Altissimi donum Dei,
Fons vivus, ignis, charitas,
Et spiritalis unctio.

Tu septiformis munere,
Digitus paternæ dexteræ,
Tu rite promissum Patris,
Sermone ditans guttura.
Accende lumen sensibus,
Infunde amorem cordibus,
Infirma nostri corporis
Virtute firmans perpeti.
Hostem repellas longius,
Pacemque dones protinus,
Ductore sic te prævio,
Vitemus omne noxium.

Per te sciamus da Patrem,
Noscamus atque Filium,
Teque utriusque Spiritum
Credamus omni tempore.
Deo Patri sit gloria,
Et Filio qui a mortuis
Surrexit, ac Paraclito,
In sæculorum sæcula.
Amen.
℣ Emitte Spiritum tuum et creabuntur. ℟ Et renovabis faciem terræ.

Chants du Chemin de la Croix.

O Crux ave, spes unica,
Gentis redemptæ gloria,
Piis adauge gratiam,
Reisque dele crimina.

℣ Adoramus te, Christe, et benedicimus tibi;
℟ Quia per sanctam Crucem tuam redemisti mundum.
℣ Miserere nostri, Domine, ℟ Miserere nostri.
℣ Fidelium animæ per misericordiam Dei requiescant in pace. ℟ Amen.

Sancta Mater, istud agas,
Crucifixi fige plagas
Cordi meo valide.

RÈGLEMENT DE VIE

Pratiques de chaque jour.

Chacun doit considérer le salut de son âme comme son affaire la plus importante.

Le moyen le plus sûr et le plus facile de faire son salut, c'est de sanctifier chacune de ses actions et de les rendre ainsi méritoires pour le Ciel.

Lever. — La première de toutes les actions, c'est le réveil.

Un bon chrétien le consacre au Seigneur en faisant le signe de la croix et en disant : « Mon Dieu, je vous donne mon cœur et je vous offre ma journée. »

Puis il se lève promptement et s'habille avec modestie.

Prière du matin. — Dès que le chrétien est habillé, il récite sa prière du matin, suivie, quand c'est possible, d'une courte lecture méditée.

Travail. — Après cette prière, il s'applique au travail, selon son état et sa condition.

Repas. — Un bon chrétien sanctifie ses repas par une courte prière avant et après, et en se gardant de dépasser jamais les bornes de la tempérance.

Récréations. — Un bon chrétien ne manque pas d'observer, dans ses délassements, deux règles importantes : de ne se livrer jamais qu'à des jeux honnêtes et permis, et de ne pas les prolonger au-delà du temps convenable.

Angelus. — Il ne faut pas manquer, dans la journée, de dire l'*Angelus* le matin, à midi et le soir, au son de la cloche.

Peines. — Si un bon chrétien a des peines, il les supporte avec soumission à la volonté de Dieu et les unit, en vue de l'expiation de ses péchés, aux douleurs de Notre-Seigneur Jésus-Christ.

Tentations. — Quand le chrétien est tenté de pécher, il recourt à Dieu avec confiance, et lui demande la grâce de triompher de la tentation.

Si par malheur il y succombe, au lieu de se décourager, il fait à l'instant un acte de contrition, et se confesse au plus tôt.

Prière du soir et examen. — Un bon chrétien finit sa journée par la prière du soir et l'examen de conscience. S'il le peut, il fait cette prière en commun, car Dieu bénit les familles où cette pieuse pratique est en usage.

Coucher. — Enfin, au moment du coucher, il se déshabille modestement, trace sur lui le signe de la croix et jette de l'eau bénite sur son lit; il songe un instant à la mort et recommande son âme à Dieu.

Pratiques de chaque semaine.

Chaque semaine, un bon chrétien :

1o S'abstient de travailler les dimanches et fêtes d'obligation ;

2o Ces mêmes jours, il entend la sainte messe et, de préférence, celle de paroisse; il assiste, autant que possible, aux autres offices de l'Eglise : les vêpres, les saluts du Saint-Sacrement, les instructions ;

3o Il observe fidèlement l'abstinence du vendredi, à moins d'empêchements ou de dispenses légitimes.

Pratiques de chaque année.

Jeune et abstinence. — Chaque année, un bon chrétien observe l'abstinence des Quatre-Temps, du Carême et des Vigiles de certaines fêtes, et le jeûne de ces mêmes jours, s'il a vingt et un ans accomplis.

Quand le jeûne et l'abstinence ne lui sont pas

possibles, il a soin de demander la dispense de l'Eglise, et de compenser cette pénitence par l'aumône et les bonnes œuvres.

Devoir pascal. — Il accomplit fidèlement son devoir pascal, en songeant qu'il ne peut y manquer sans commettre un péché mortel.

Il célèbre, surtout en s'approchant de la sainte Table, l'anniversaire de son baptême, de sa première communion et de sa confirmation.

Il s'approche aussi plusieurs fois de la sainte Table, par exemple tous les mois et aux grandes fêtes de l'année.

Retraites spirituelles. — Enfin, il regarde comme très utile de faire, à l'occasion, quelque retraite spirituelle.

QUELQUES FORMULES DE PRIÈRES

En s'habillant. — Seigneur qui daignez couvrir la nudité de mon corps, revêtez aussi mon âme de sainteté et d'innocence, et gardez-moi de toute vanité. — Notre Père... Je vous salue, Marie...

Avant le travail. — Mon Dieu, je vous offre mon travail et toutes mes actions. Que tout ce que je vais faire soit pour votre amour, puor votre gloire et mon salut.

Pendant le travail. — O Jésus, qui avez gagné votre pain à la sueur de votre front, mon seul désir est de vous plaire et de vous imiter; sanctifiez mon travail, s'il vous plaît.

Après le travail. — C'est votre grâce, Seigneur, qui m'a soutenu au milieu de mes fatigues. Je vous en remercie mille fois et je vous supplie de veiller encore sur moi pendant les heures de mon repos.

Quand l'heure sonne. — Encore un pas vers mon éternité! Dieu tout-puissant, sauvez-moi à l'heure présente et à celle où je mourrai.

Lorsqu'on est tenté. — Retire-toi, Satan, j'appartiens à mon Dieu. — Jésus et Marie, venez à mon aide. — Mon bon ange gardien et mon saint patron, hâtez-vous de me secourir. — *Ou bien :* O Marie conçue sans péché, priez pour nous qui avons recours à vous.

Quand on a eu le malheur de pécher. — Je vous ai offensé, ô mon Dieu; mais je déteste mon péché de tout mon cœur et pour l'amour de vous seul. Par les souffrances et la mort de Jésus, pardonnez-moi, s'il vous plaît.

Lorsqu'on voit offenser Dieu. — Mon Jésus, miséricorde. (*100 jours d'indulg.*) Pardonnez, Seigneur, à ce malheureux qui vous offense, et faites-moi la grâce de ne jamais l'imiter.

Avant le repas :

Bénissez, Seigneur, nos personnes et cette nourriture que nous donne votre bonté. Par Jésus-Christ Notre-Seigneur. Ainsi soit-il.

Benedic, Domine, nos et hæc tua dona, quæ de tua largitate sumus sumpturi. Per Christum Dominum nostrum. Amen.

Après le repas :

Nous vous remercions de tous vos bienfaits, ô Dieu tout-puissant, qui vivez et régnez dans les siècles des siècles. Ainsi soit-il.

Agimus tibi gratias, omnipotens Deus, pro universis beneficiis tuis, qui vivis et regnas in sæcula sæculorum. Amen.

En passant devant une église. — Loué et remercié soit à tout moment le très Saint et très divin Sacrement de l'autel. (*100 j. d'indulg.*)

Devant une Croix. — Jésus, mort en croix pour sauver tous les hommes, sauvez mon âme, s'il vous plaît.

Avant de s'endormir. — Jésus, Marie, Joseph, je vous donne mon cœur et je remets mon âme entre vos mains. Ainsi soit-il.

PRIÈRE DE SAINT BERNARD A LA TRÈS SAINTE VIERGE.

Souvenez-vous, ô très miséricordieuse Vierge Marie, qu'on n'a jamais entendu dire qu'aucun de ceux qui ont eu recours à votre protection, imploré votre secours et demandé vos suffrages, ait été abandonné.

Animé d'une pareille confiance, ô Vierge des vierges, ô ma Mère! je viens à vous, je cours vers vous, gémissant sous le poids de mes péchés, je me prosterne à vos pieds; veuillez, ô Mère du Verbe, ne point mépriser mes prières, mais écoutez-les favorablement et daignez les exaucer. Ainsi soit-il. (*300 j. d'indulg.*)

PRIÈRE A SAINT JOSEPH.

O saint Joseph, père et protecteur des vierges, gardien fidèle à qui Dieu confia Jésus, l'innocence même, et Marie, la Vierge des vierges, ah! je vous en supplie et je vous en conjure, par Jésus et Marie, par ce double dépôt qui vous fut si cher, faites que, préservé de toute souillure, pur de cœur et chaste de corps, je serve constamment Jésus et Marie dans une chasteté parfaite. Ainsi soit-il. (*100 j. d'indulg.*)

INVOCATION DES ENFANTS DU CATÉCHISME A LA SAINTE VIERGE.

Notre-Dame de la Première Communion, priez pour nous! (*100 j. d'indulg.*)

PRIÈRES ET ACTES POUR LA CONFESSION

Mon Dieu, je vous conjure, par les souffrances et la mort de Notre-Seigneur Jésus-Christ, votre Fils, de me faire connaître les péchés dont j'ai eu le malheur de me rendre coupable, afin que je puisse les confesser tous avec sincérité. — Donnez-moi aussi, Seigneur, la grâce de les détester, d'en concevoir une très grande douleur et d'avoir une ferme et constante résolution de m'en corriger et de ne plus vous offenser.

EXAMEN DE CONSCIENCE.

(Recherchez combien de fois environ vous avez commis chaque péché.)

1° *Examen sur les confessions précédentes.*

Avez-vous mal préparé votre dernière confession? Y avez-vous caché des péchés?

2° *Examen sur les Commandements.*

PREMIER COMMANDEMENT DE DIEU.

Avez-vous manqué vos prières du matin et du soir?

Les avez-vous mal faites?

Avez-vous écouté ou tenu des conversations contraires à la religion?

Avez-vous fait des lectures contraires à la religion? Acheté ou lu de mauvais journaux?

Avez-vous été superstitieux?

Avez-vous rougi de paraître chrétien?

Avez-vous manqué de respect aux choses saintes?

DEUXIÈME COMMANDEMENT DE DIEU.

Avez-vous fait des serments inutiles?
Avez-vous blasphémé?
Avez-vous fait de faux serments?
Avez-vous dit des paroles grossières?
Avez-vous fait des imprécations?

TROISIÈME COMMANDEMENT DE DIEU.

Avez-vous travaillé le dimanche sans nécessité, et pendant combien de temps?

Avez-vous manqué la messe, *par votre faute*, le dimanche et les fêtes d'obligation?

L'avez-vous entendue tout entière?

Y avez-vous assisté sans dévotion?

Vous êtes-vous dissipé à l'église?

QUATRIÈME COMMANDEMENT DE DIEU.

Avez-vous fait beaucoup de peine à vos parents?

Avez-vous désobéi à vos parents et à vos supérieurs?

Avez-vous murmuré en leur obéissant?

Leur avez-vous manqué de respect, par vos paroles et vos manières insolentes?

Les avez-vous aidés autant que vous le deviez?

CINQUIÈME COMMANDEMENT DE DIEU.

Avez-vous eu de la haine pour votre prochain?

Avez-vous désiré vous venger?

Vous êtes-vous vengé?

Avez-vous injurié les autres?

Les avez-vous frappés?

Avez-vous donné de mauvais conseils ou de mauvais exemples (en quoi)?

SIXIÈME ET NEUVIÈME COMMANDEMENTS DE DIEU.

Vous êtes-vous arrêté volontairement à des pensées déshonnêtes? A de mauvais désirs?

Vous êtes-vous permis des regards immodestes?

Avez-vous dit des paroles indécentes?

En avez-vous écouté?

Avez-vous chanté de mauvaises chansons?

Avez-vous commis des actions déshonnêtes, seul ou avec d'autres?

Avez-vous lu, prêté de mauvais livres?

Avez-vous fréquenté de mauvaises compagnies?

Etes-vous allé au bal, à des spectacles dangereux?

SEPTIÈME ET DIXIÈME COMMANDEMENTS DE DIEU.

Avez-vous volé à vos parents ou à d'autres (pour quelle valeur)?

Avez-vous désiré voler?

Avez-vous trompé au jeu?

Avez-vous gardé ce que vous aviez trouvé?

Avez-vous causé du dommage?

HUITIÈME COMMANDEMENT DE DIEU.

Avez-vous menti pour vous excuser? pour rendre service? pour nuire aux autres?

Avez-vous fait des jugements téméraires?

Avez-vous fait des médisances, des calomnies et de mauvais rapports?

SIXIÈME COMMANDEMENT DE L'ÉGLISE.

Avez-vous fait gras les jours défendus, sans nécessité ou sans permission?

3o *Examen sur les péchés capitaux.*

1o **Orgueil.** — Avez-vous eu de la vanité?

Avez-vous été entêté? susceptible? boudeur? hypocrite?

2o **Gourmandise.** — Avez-vous mangé avec excès?

Vous êtes-vous enivré exprès?

Avez-vous été difficile pour la nourriture?

3° **Avarice.** — Avez-vous refusé de donner ou prêter, lorsque vous pouviez le faire ?

4° **Envie.** — Vous êtes-vous réjoui du mal des autres ?

Avez-vous eu de la peine de leur bien ?

5° **Colère.** — Vous êtes-vous mis en colère ?

6° **Paresse.** — Avez-vous été paresseux pour vous lever ?

— Pour travailler ?

— Pour vos leçons de catéchisme ?

— Pour vos devoirs de classe ?

Avez-vous manqué la classe ou le catéchisme par votre faute ?

Lisez avec réflexion ce qui suit, pour vous bien exciter à la contrition.

Qu'as-tu fait, ô mon âme, lorsque tu as commis des péchés si nombreux ? Qu'as-tu fait ?..... Hélas ! pour un plaisir d'un moment, tu as outragé indignement ton Dieu, ton Créateur et ton Père, qui ne cesse tous les jours de te combler de biens !..... Qu'as-tu fait ?... Tu es devenue la cause réelle des souffrances et de la mort que Jésus a endurées sur la Croix !... Tu as renoncé à l'amitié du Seigneur !... Tu as dissipé le trésor de ton innocence !... Tu as perdu tes droits au paradis !... Tu t'es mise de plein gré sous la puissance du démon et tu as ouvert sous tes pas l'enfer qui peut t'engloutir à chaque instant !... Mon âme, que tu es ingrate et criminelle !... Que tu es malheureuse !

ACTE DE CONTRITION.

Mon Dieu, j'ai un extrême regret de vous avoir offensé, parce que vous êtes infiniment bon et que le péché vous déplaît ; je me propose, avec le secours de votre sainte grâce, de ne plus vous offenser et de satisfaire à votre justice.

PRIÈRE A LA TRÈS SAINTE VIERGE.

Très sainte Vierge, mère de Dieu, consolatrice des affligés et refuge assuré des pécheurs, je me jette à vos pieds et je vous supplie de m'obtenir de Jésus, votre divin Fils, le pardon de mes péchés et la grâce de ne plus les commettre.

EN APPROCHANT DU CONFESSEUR.

Seigneur, qui avez donné à vos prêtres le pouvoir de remettre les péchés et qui nous ordonnez de leur confesser tous ceux que nous avons eu le malheur de commettre, je m'approche avec confiance du saint tribunal de la pénitence, qui est le trône de votre miséricorde. Donnez-moi le courage et faites-moi la grâce de pouvoir déclarer toutes mes fautes, avec la douleur qu'elles doivent m'inspirer et la confusion qu'elles méritent.

PRIÈRE APRÈS LA CONFESSION.

O bonté! ô miséricorde infinie de mon Dieu! je vous remercie de m'avoir pardonné mes péchés, et de nouveau je les déteste de tout mon cœur. — Accordez-moi, Seigneur, par la vertu du sacrement que je viens de recevoir, la grâce de ne plus retomber dans mes fautes passées et de mener à l'avenir une vie toute nouvelle. Ainsi soit-il.

MANIÈRE DE SE CONFESSER.

Après avoir fait le signe de la croix, on dit :

Bénissez-moi, mon Père, parce que j'ai péché,

et l'on récite le *Je confesse*. Arrivé à *c'est ma faute...*, on accuse tous ses péchés avec simplicité et sincérité, et l'on ajoute pour terminer :

Je m'accuse de toutes ces fautes comme de celles de ma vie passée; j'en demande pardon à Dieu et à vous, mon Père, pénitence et absolution, si vous le jugez à propos.

On achève le *Je confesse*, et, après avoir écouté avec attention les avis du confesseur, on récite avec componction l'acte de contrition, pendant que le prêtre donne l'absolution.

PETITE HISTOIRE SAINTE

I.

La Création et la Chute.

1. *Qui a créé le ciel et la terre?*
C'est Dieu qui a créé le ciel et la terre.

2. *En combien de temps Dieu créa-t-il le ciel et la terre?*
En six époques appelées « jours ».

3. *Comment s'appelle le premier homme que Dieu a créé?*
Adam.

4. *Comment s'appelle la première femme?*
Eve.

5. *Où Dieu plaça-t-il d'abord Adam et Ève?*
Dans le Paradis terrestre.

6. *Adam et Ève restèrent-ils dans le Paradis terrestre?*
Non, ils en furent chassés à cause de leur désobéissance.

7. *Comment s'appelaient les premiers enfants d'Adam et d'Eve?*
L'aîné s'appelait Caïn, et le second Abel.

8. *Que devint Abel?*
Il fut tué par Caïn, qui était jaloux de lui.

9. *Quel fut le châtiment de Caïn?*
Il fut maudit de Dieu.

10. *Adam et Ève eurent-ils d'autres enfants à la place d'Abel?*
Oui, Dieu leur donna surtout Seth, dont la famille fut fidèle à Dieu.

II.

Le Déluge.

1. *Les hommes restèrent-ils fidèles à Dieu?*
Non, ils devinrent tous corrompus, sauf le juste Noé.

2. *Comment Dieu punit-il les hommes de leur corruption?*
Il les fit périr par le déluge.

LE DÉLUGE.

3. *Dieu épargna-t-il quelqu'un?*
Oui, il épargna Noé et sa famille.

4. *Comment les épargna-t-il?*
Il les conserva dans une sorte de navire appelé arche.

5. *Par qui fut repeuplé le monde après le déluge?*
Le monde fut repeuplé par les trois fils de Noé : Sem, Cham et Japhet.

6. *Que devinrent leurs descendants?*
Les descendants de Sem s'établirent en Asie; ceux de Cham, en Afrique, et ceux de Japhet en Europe.

7. *Gardèrent-ils la vraie religion?*
Non, la plus grande partie d'entre eux oublia le vrai Dieu.

III.

Les Patriarches. — La Terre promise.

1. *Avec qui Dieu fit-il alliance?*
Avec le patriarche Abraham, qui était de la famille de Sem.

2. *Que signifie le mot patriarche?*
Il signifie « père ».

3. *Qui sont les patriarches?*
Ce sont : Abraham, Isaac, son fils; Jacob, fils d'Isaac, surnommé Israël, et les douze fils de Jacob.

4. *Comment s'appelaient les douze fils de Jacob?*
Ils s'appelaient : Ruben, Siméon, Lévi, Juda, Dan, Nephtali, Gad, Aser, Issachar, Zabulon, Joseph et Benjamin.

5. *Où s'établirent les douze fils de Jacob?*
En Egypte, où ils souffrirent beaucoup.

6. *Qui les délivra de leurs maux?*
Moïse, en attirant sur l'Egypte dix plaies ou fléaux, et en leur faisant passer la Mer Rouge.

7. *Où habitèrent-ils d'abord?*
Ils errèrent pendant quarante ans dans le désert.

8. *De quoi vivaient-ils dans le désert?*
De la manne que Dieu leur envoyait tous les jours.

9. *Restèrent-ils fidèles à Dieu?*
Non, ils devinrent idolâtres et adorèrent le Veau d'or.

JOSEPH VENDU PAR SES FRÈRES.

10. *Qui leur donna des lois?*
Ce fut Moïse qui leur donna, au nom de Dieu, le Décalogue écrit sur deux Tables de pierre.

11. *Où plaça-t-on les Tables de la Loi?*
Dans un coffret de bois précieux et orné d'or, appelé l'« Arche d'alliance ».

12. *Qui fit entrer le peuple de Dieu dans la Terre promise?*
Ce fut Josué.

13. *Comment appelle-t-on le peuple de Dieu?*
Hébreux, Israélites ou Juifs.

14. *En combien de tribus fut-il partagé?*
En douze tribus, dont les chefs étaient les douze fils de Jacob.

15. *Quelles sont les plus célèbres de ces douze tribus ?*

Celle de Lévi, d'où naquit Aaron et où l'on prenait les ministres du culte, et celle de Juda, d'où devait naître le Messie.

IV.

Les Juges et les Rois.

1. *Qu'étaient-ce que les juges ?*

C'étaient des libérateurs et des chefs que Dieu envoyait à son peuple.

2. *Quels sont les juges les plus célèbres ?*

Ce sont : Gédéon, qui délivra les Hébreux du joug des Madianites ; Samson, célèbre par sa force, qui les délivra des Philistins, et Samuel, qui fut le dernier juge en Israël.

3. *Citez les rois qui gouvernèrent les douze tribus ?*

Ils sont au nombre de trois : Saül, David et Salomon.

4. *Saül fut-il un bon roi ?*

Saül fut un bon roi, au début de son règne ; mais dans la suite il désobéit à Dieu, qui le rejeta.

5. *Qui fut désigné par Dieu comme roi après Saül ?*

Ce fut David, déjà célèbre par sa lutte contre le géant Goliath.

6. *Où établit-il la capitale de son royaume ?*

A Jérusalem, où il transporta l'Arche d'alliance.

7. *David resta-t-il toujours fidèle à Dieu ?*

Non, mais il fit pénitence et pleura ses péchés dans des Psaumes admirables que l'Eglise chante encore aujourd'hui.

8. *Qui succéda à David ?*

Ce fut Salomon, son fils.

9. *Que demanda Salomon à Dieu ?*

Il lui demanda la sagesse

10. *Quel grand monument fit-il construire?*
Le temple de Jérusalem, où il déposa l'Arche d'alliance.

11. *Salomon offensa-t-il le Seigneur?*
Oui ; et, pour le punir, Dieu lui annonça que son royaume serait divisé.

V.

Le Schisme. — Royaume d'Israël et de Juda. La Captivité.

1. *Sous quel roi eut lieu la révolte des dix tribus?*
Sous Roboam, fils de Salomon.

2. *Qui choisirent-elles pour roi?*
Jéroboam, qui eut Samarie pour capitale.

3. *Combien y eut-il dès lors de royaumes?*
Deux : le royaume de Juda et le royaume d'Israël.

4. *Que furent les rois d'Israël?*
Ils furent impies, méchants et idolâtres.

5. *Par qui fut détruit le royaume d'Israël?*
Par Salmanazar, roi d'Assyrie, qui amena les Israélites en captivité à Ninive.

6. *Que savez-vous de Jonas?*
Le prophète Jonas, célèbre par sa désobéissance et sa punition, fut envoyé par Dieu à Ninive pour y prêcher la pénitence.

7. *Parlez de Tobie.*
Tobie fut un saint homme qui s'illustra, pendant la captivité de Ninive, par sa piété et sa charité.

8. *Que devint le royaume de Juda?*
Il conserva d'abord le culte du vrai Dieu.

9. *Les rois de Juda restèrent-ils fidèles?*
Non ; et malgré les avertissements des Prophètes, ils offensèrent Dieu gravement.

10. *Par qui fut puni le royaume de Juda?*
Par Nabuchodonosor, roi de Babylone, qui s'em-

para de Jérusalem, brûla le Temple et amena les Juifs en captivité.

11. *Les Juifs se défendirent-ils ?*

Oui ; et une femme de Béthulie, nommée Judith, tua de sa main Holopherne, général de Nabuchodonosor.

PROPHÈTES SALUANT LA CROIX.

12. *Dieu abandonna-t-il son peuple pendant le schisme et la captivité ?*

Non ; il lui envoya des hommes inspirés appelés Prophètes, qui l'exhortèrent à la pénitence et lui annoncèrent la fin de ses maux et la prochaine venue du Messie.

13. *Quels furent les principaux Prophètes ?*

Isaïe, Jérémie, Ezéchiel et Daniel.

14. *Combien de temps dura la captivité de Babylone ?*

Elle dura soixante-dix ans.

VI.

Le Peuple de Dieu après la Captivité.

1. *Sous quel roi finit la captivité de Babylone?*
Sous le roi Cyrus, qui permit aux Juifs de retourner à Jérusalem et de rebâtir le Temple.

2. *Qui ramena les Juifs dans leur pays?*
Ce fut Zorobabel.

3. *Qui leur rappela les préceptes de Dieu?*
Ce fut le prêtre Esdras, aidé des prophètes Aggée et Zacharie.

4. *Les Juifs furent-ils complètement indépendants?*
Non, ils devinrent tributaires du roi de Syrie, Antiochus, qui voulut même leur faire adorer les idoles.

5. *Qui se signala par son courage pendant la persécution?*
Le saint vieillard Eléazar et les sept frères Machabées, qui aimèrent mieux mourir que renoncer au vrai Dieu.

6. *Qui délivra les Juifs du joug d'Antiochus?*
Mathathias et ses cinq fils, dont le plus célèbre fut Judas Machabée.

7. *Que devint la Judée dans la suite?*
Elle devint une province romaine.

8. *Qui en était roi vers la naissance de Jésus-Christ?*
C'était un étranger, Hérode l'Iduméen.

VII.

La Vie cachée de Jésus-Christ.

1. *Les Juifs attendaient-ils le Messie?*
Oui, les Juifs attendaient le Messie, qui devait, croyaient-ils, être un roi riche et puissant.

2. *Les païens eux-mêmes attendaient-ils le Messie?*

Oui; ils avaient un vague pressentiment de la prochaine venue d'un nouveau dieu.

3. *De qui naquit le Messie?*

De la Vierge Marie.

4. *Quels étaient les parents de la Vierge Marie?*

C'étaient saint Joachim et sainte Anne, de la race royale de David.

5. *A qui Dieu unit-il la sainte Vierge?*

A un homme juste nommé Joseph.

6. *Où naquit Notre-Seigneur Jésus-Christ?*

A Bethléem de Juda, dans une étable?

7. *Qui vint adorer l'Enfant Jésus?*

Les bergers et les mages.

L'ADORATION DES MAGES.

8. *Qui voulut faire mourir l'Enfant-Dieu?*

Le roi Hérode.

9. *Où s'enfuit la Sainte Famille?*

Elle s'enfuit en Egypte.

10. *Que fit alors Hérode?*

Il fit massacrer tous les enfants mâles de Bethléem

âgés de moins de deux ans : c'est ce qu'on appelle le massacre des Innocents.

11. *Pourquoi cela?*

Parce qu'il pensait que l'Enfant-Dieu qu'il redoutait serait compris dans cette sanglante exécution.

12. *Que fit la Sainte Famille après la mort d'Hérode?*

Elle vint s'établir à Nazareth, où Jésus resta avec Marie et Joseph jusqu'à l'âge de trente ans : c'est ce qu'on appelle la vie cachée de Notre-Seigneur.

VIII.

La Vie publique de Jésus-Christ.

1. *Combien de temps dura la vie publique de Notre-Seigneur?*

Environ trois ans.

2. *Quel fut le premier acte de la vie publique de Jésus-Christ?*

Il reçut de saint Jean-Baptiste le baptême de pénitence dans les eaux du Jourdain.

3. *Qu'était-ce que saint Jean-Baptiste?*

Saint Jean-Baptiste était le cousin de Notre-Seigneur et le dernier prophète qui devait préparer les voies au Messie.

4. *Que fit Jésus après son baptême?*

Il jeûna quarante jours dans le désert et fut tenté par le démon.

5. *Jésus choisit-il des disciples?*

Oui, il en choisit surtout douze, qu'on appelle Apôtres, c'est-à-dire « envoyés ».

6. *Quels sont les douze Apôtres?*

Ce sont : Simon-Pierre, André, Jacques, Jean, Mathieu, Philippe, Barthélemy, Thomas, Jacques, fils d'Alphée, Thadée, Simon et Judas.

7. *Comment Jésus prouva-t-il sa divinité?*

Par sa vie, par ses miracles et par sa doctrine.

8. *Quels furent les principaux miracles de Jésus-Christ?*

Le changement de l'eau en vin à Cana, la multiplication des pains, la guérison d'une multitude de malades, la résurrection de la fille de Jaïre, la résurrection de Lazare et sa propre Résurrection.

9. *Quelles sont les plus belles paraboles?*

Ce sont : la parabole de l'enfant prodigue, et celles du mauvais riche, du bon pasteur, du bon Samaritain, du Pharisien et du Publicain.

IX.

La Passion et la mort de Jésus-Christ.

1. *Jésus avait-il des ennemis?*

Oui; Jésus était haï des Pharisiens et des Scribes à cause de sa popularité.

LES RAMEAUX.

2. *Citez une preuve de sa popularité.*

Son entrée à Jérusalem, le jour des Rameaux, où le peuple lui fit un triomphe.

3. *Qui trahit Jésus-Christ?*
Ce fut Judas, un de ses apôtres.
4. *Que fit Jésus la veille de sa mort?*
Il institua l'Eucharistie, dans une grande salle appelée Cénacle.
5. *Où fut-il arrêté?*
Au jardin des Oliviers.
6. *Que firent les Apôtres?*
Tous l'abandonnèrent, et Pierre le renia.
7. *Où fut conduit Jésus après son arrestation?*
D'abord chez Anne, l'un des princes des prêtres, puis chez Caïphe, le grand-prêtre.
8. *A qui le renvoya Caïphe?*
Au gouverneur romain Ponce-Pilate, qui le renvoya lui-même à Hérode.
9. *Qui le condamna à mort?*
Ce fut Pilate, qui le condamna par lâcheté, tout en le déclarant innocent.
10. *Qu'appelle-t-on la Passion de Jésus-Christ?*
On appelle ainsi l'ensemble des supplices qu'on fit endurer à Jésus : la flagellation, le couronnement d'épines, le crucifiement, la mort sur la Croix.

X.

La Vie glorieuse du Sauveur.

1. *Qui mit Jésus au tombeau?*
Ce fut un homme juste d'Arimathie, nommé Joseph.
2. *Que firent les princes des prêtres?*
Ils firent sceller la pierre qui recouvrait le tombeau et placèrent des soldats pour le garder.
3. *Pourquoi firent-ils cela?*
Parce que Jésus-Christ avait dit : « Après trois jours, je ressusciterai. »
4. *Jésus-Christ ressuscita-t-il?*
Oui, Jésus-Christ ressuscita le matin du troisième jour.

5. *A qui apparut-il le jour de Pâques?*

Il apparut à Marie-Madeleine, aux saintes femmes, à Pierre, et à deux disciples qui allaient à Emmaüs.

6. *Y eut-il d'autres apparitions de Notre-Seigneur?*

Oui, il resta encore quarante jours sur la terre et donna aux Apôtres ses dernières instructions sur la prédication de l'Evangile, l'administration des sacrements et le gouvernement de l'Eglise.

7. *Quel fut le grand acte de Jésus-Christ après sa résurrection?*

Il fonda définitivement l'Église en donnant aux Apôtres le pouvoir de continuer sa mission et en plaçant à leur tête Pierre, qui devait être leur chef.

8. *Quelle promesse fit-il aux Apôtres?*

Il leur promit de leur envoyer le Saint-Esprit et leur dit : « Je serai avec vous jusqu'à la consommation des siècles. »

9. *Que devint ensuite Jésus-Christ?*

Il s'éleva au ciel par sa toute-puissance.

10. *Quand les Apôtres reçurent-ils le Saint-Esprit?*

Le jour de la Pentecôte, dans le Cénacle, où ils étaient réunis avec la Vierge Marie.

11. *Que firent-ils ensuite?*

Ils commencèrent leurs prédications.

12. *Où est renfermé ce que nous venons de dire de Notre-Seigneur?*

Dans les quatre Evangiles : celui de saint Mathieu, celui de saint Marc, celui de saint Luc et celui de saint Jean.

13. *Où sont racontés les événements religieux qui se sont accomplis depuis la mort du Sauveur?*

Dans les Actes des Apôtres et dans l'Histoire de l'Eglise.

ABRÉGÉ

DE LA

DOCTRINE CHRÉTIENNE

POUR LES PLUS JEUNES ENFANTS

PREMIÈRE LEÇON.

Notions préliminaires.

1. *Êtes-vous chrétien?*

Oui, je suis chrétien par la grâce de Dieu.

2. *Qu'est-ce qu'un chrétien?*

C'est celui qui est baptisé, qui croit et qui professe la doctrine de Jésus-Christ.

3. *Quel est le signe d'un chrétien?*

C'est le signe de la Croix.

4. *Faites le signe de la Croix.*

† Au nom du Père, et du Fils, et du Saint-Esprit. Ainsi soit-il, ou en latin : † In nomine Patris, et Filii, et Spiritus Sancti. Amen.

5. *Quand convient-il de faire le signe de la Croix?*

Très souvent; par exemple, en se levant, en

se couchant, au commencement et à la fin des prières et des principales actions, dans un grand péril et lorsqu'on est tenté d'offenser Dieu.

6. *Que nous rappelle le signe de la Croix?*

Il nous rappelle les principaux Mystères de notre religion.

7. *Quels sont les principaux Mystères de notre religion?*

Il y en a trois : le mystère de la sainte Trinité, le mystère de l'Incarnation et le mystère de la Rédemption.

DEUXIÈME LEÇON.

De Dieu. — Du Mystère de la Sainte Trinité.

1. *Qui nous a créés et mis au monde?*

C'est Dieu qui nous a créés et mis au monde.

2. *Qu'est-ce que Dieu?*

Dieu est un esprit éternel et infiniment parfait, qui a créé le ciel et la terre, et qui est le Seigneur souverain de toutes choses.

3. *Où est Dieu?*

Dieu est partout : au ciel, sur la terre, et en tous lieux.

4. *Y a-t-il plusieurs dieux?*

Non, il n'y a qu'un seul Dieu, et il ne peut pas y en avoir plusieurs.

5. *Combien y a-t-il de personnes en Dieu?*

Il y a trois personnes en Dieu, savoir : le Père, le Fils et le Saint-Esprit.

6. *Le Père est-il Dieu?*

Oui, le Père est Dieu.

7. *Le Fils est-il Dieu?*

Oui, le Fils est Dieu.

8. *Le Saint-Esprit est-il Dieu?*

Oui, le Saint-Esprit est Dieu.

9. *Le Père, le Fils et le Saint-Esprit sont-ils trois dieux?*

Non, ces trois personnes ne sont pas trois dieux, mais un seul et même Dieu.

10. *Comment appelle-t-on ce mystère?*

On l'appelle le mystère de la sainte Trinité.

11. *Qu'est-ce que le mystère de la sainte Trinité?*

C'est le mystère d'un seul Dieu en trois personnes : Père, Fils et Saint-Esprit.

TROISIÈME LEÇON.

De Dieu Créateur. — Des Anges.

1. *Quelles sont les créatures de Dieu les plus parfaites?*

Ce sont les Anges et l'Homme.

2. *Qu'est-ce que les anges?*

Les anges sont de purs esprits que Dieu a créés pour le louer et pour exécuter ses ordres.

3. *Dans quel état Dieu créa-t-il les anges?*

Dieu créa les anges dans un état de grâce et de sainteté.

4. *Les anges ont-ils tous persévéré dans cet état?*

Les uns ont persévéré dans cet état, les autres en sont déchus par leur orgueil.

5. *Où sont maintenant les anges?*

Les bons anges sont au ciel, et les mauvais anges ou démons sont en enfer.

6. *Y a-t-il des anges qui sont chargés de prendre soin de nous?*

Oui, et nous avons tous un Ange Gardien.

QUATRIÈME LEÇON.

Création de l'Homme. — Chute originelle.

1. *Qu'est-ce que l'homme?*

L'homme est une créature raisonnable composée d'un corps et d'une âme.

2. *Pourquoi Dieu nous a-t il créés?*

Dieu nous a créés pour le connaître, l'aimer, le servir, et, par ce moyen, mériter le Ciel.

3. *Quels sont le premier homme et la première femme que Dieu a créés?*

Adam et Ève, nos premiers parents.

4. *Dans quel état Adam et Eve furent-ils créés?*

Adam et Ève furent créés dans un état de grâce et de sainteté, exempts de la mort et de toutes les peines de la vie.

5. *Demeurèrent-ils dans cet état?*

Non, ils le perdirent par leur désobéissance.

6. *Le péché d'Adam est-il passé à ses descendants?*

Oui, et c'est ce qu'on appelle le péché originel.

7. *Dieu abandonna-t-il l'homme après son péché?*

Non, il en eut pitié et lui promit un Messie ou Sauveur.

8. *Quel est ce Sauveur?*

C'est Notre-Seigneur Jésus-Christ.

CINQUIÈME LEÇON.

Du mystère de l'Incarnation.

1. *Quelle est celle des trois personnes divines qui s'est faite homme?*

C'est Dieu le Fils, seconde personne de la sainte Trinité.

2. *Comment appelle-t-on le mystère par lequel le Fils de Dieu s'est fait homme?*

On l'appelle le mystère de l'Incarnation.

3. *Qu'est-ce que le mystère de l'Incarnation?*

C'est le mystère du Fils de Dieu fait homme pour nous racheter.

4. *Qu'entendez-vous quand vous dites que le Fils de Dieu s'est fait homme?*

J'entends qu'il s'est fait semblable à nous, en prenant un corps mortel et une âme raisonnable.

5. *Comment s'appelle le Fils de Dieu fait homme?*

Il s'appelle Jésus-Christ Notre-Seigneur.

6. *Jésus-Christ est-il Dieu?*

Oui, Jésus-Christ est Dieu.

7. *Jésus Christ est-il aussi homme?*
Oui, Jésus-Christ est Dieu et homme tout ensemble.
8. *Quelle est la mère de Notre-Seigneur Jésus-Christ?*
La mère de Notre-Seigneur Jésus-Christ est la très sainte Vierge Marie.
9. *Quand est né Notre-Seigneur Jésus-Christ?*
La nuit de Noël, à minuit.
10. *Où est-il né?*
A Bethléem, dans une étable.

SIXIÈME LEÇON.

Du mystère de la Rédemption.

1. *Pourquoi le Fils de Dieu s'est-il fait homme?*
Pour nous racheter de l'Enfer et nous sauver.
2. *Comment Jésus-Christ nous a-t-il rachetés, et comment nous a-t-il mérité la grâce et la gloire éternelles?*
Par ses souffrances et par sa mort.
3. *Pour qui Jésus-Christ est-il mort?*
Jésus-Christ est mort pour le salut de tous les hommes en général, et pour le salut de chacun de nous en particulier.
4. *Quel jour est-il mort?*
Jésus-Christ est mort le vendredi saint.
5. *Comment est-il mort?*
Par le supplice de la Croix.
6. *Comment appelle-t-on le mystère du Fils de Dieu mort sur la Croix?*
Le mystère de la Rédemption.

7. *Qu'est-ce que le mystère de la Rédemption?*

C'est le mystère du Fils de Dieu mort pour nous.

SEPTIÈME LEÇON.

Du mystère de la Rédemption (*suite*).

1. *Que devint le corps de Jésus-Christ après sa mort?*

Il fut enseveli et mis au tombeau.

2. *Le corps de Jésus-Christ est-il resté dans le tombeau?*

Non; Jésus-Christ est ressuscité le matin de Pâques, le troisième jour après sa mort.

3. *Quel jour Notre-Seigneur est-il monté au Ciel?*

Le jour de l'Ascension.

4. *Quel jour a-t-il envoyé le Saint-Esprit à ses Apôtres?*

Le jour de la Pentecôte.

5. *Où est maintenant Notre-Seigneur Jésus-Christ?*

Comme Dieu, Notre-Seigneur Jésus-Christ est partout; mais, comme Dieu et Homme tout ensemble, il est au Ciel et au Saint-Sacrement de l'autel.

6. *Jésus-Christ doit-il de nouveau descendre du Ciel?*

Oui, Jésus-Christ descendra du Ciel, visiblement, à la fin du monde, pour juger tous les hommes, justes et pécheurs.

HUITIÈME LEÇON.

De l'Église.

1. *Qu'est-ce que l'Eglise?*

L'Eglise est la société des fidèles gouvernés par le Pape et par les Evêques soumis à son autorité.

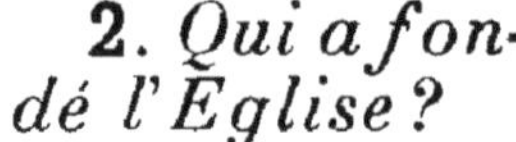

2. *Qui a fondé l'Eglise?*

C'est Notre-Seigneur Jésus-Christ.

3. *Qui est le chef de l'Eglise?*

Le chef invisible de l'Eglise est Notre-Seigneur Jésus-Christ, et le chef visible sur la terre est le Pape, son vicaire infaillible.

4. *Sommes-nous obligés de croire tout ce que l'Eglise enseigne?*

Oui, nous sommes obligés de croire tout ce que l'Eglise enseigne.

5. *Pourquoi sommes-nous obligés de croire tout ce que l'Eglise enseigne?*

Parce que l'Eglise, étant dirigée par le Saint-Esprit, ne peut pas se tromper.

6. *Où sont contenues les principales vérités que l'Eglise nous enseigne?*

Dans le Symbole des Apôtres.

7. *Récitez le Symbole en français.*
Je crois en Dieu... (page 10).

NEUVIÈME LEÇON.

Des quatre fins dernières.

1. *Quelles sont les fins dernières de l'homme ?*
Il y en a quatre, qui sont : la mort, le jugement, le Paradis, l'Enfer.
2. *Qu'est-ce que la mort ?*
C'est la séparation de l'âme d'avec le corps.
3. *Mourrons-nous un jour ?*
Oui, nous mourrons tous certainement au jour marqué par Dieu.
4. *Que deviendra le corps après notre mort ?*
Notre corps sera mis en terre.
5. *Notre corps restera-t-il toujours en terre ?*
Non, il ressuscitera à la fin du monde pour comparaître au jugement général.
6. *Notre âme mourra-t-elle avec le corps ?*
Non, car notre âme est immortelle.
7. *Que deviendra notre âme après la mort ?*
Elle paraîtra devant Dieu pour être jugée.
8. *Sur quoi notre âme sera-t-elle jugée ?*
Sur ses bonnes œuvres et sur ses péchés.
9. *Que deviendra notre âme après ce jugement ?*
Elle ira soit en Purgatoire pour un temps, soit en Paradis, ou en Enfer pour toujours.

10. *Qu'est-ce que le Purgatoire?*

Le Purgatoire est un lieu de douleurs où les justes achèvent d'expier leurs péchés avant d'entrer en Paradis.

11. *Qu'est-ce que le Paradis?*

Le Paradis est un lieu de délices où les Anges et les Saints jouissent d'un bonheur éternel et parfait.

12. *Qu'est-ce que l'Enfer?*

L'Enfer est un lieu de tourments où les damnés brûleront éternellement avec les démons.

DIXIÈME LEÇON.

Des vertus théologales.

1. *Combien y a-t-il de vertus théologales?*

Il y en a trois : la Foi, l'Espérance et la Charité.

2. *Qu'est-ce que la Foi?*

La Foi est une vertu surnaturelle par laquelle nous croyons fermement tout ce que l'Église nous propose de croire, parce que Dieu, qui l'a révélé, ne peut ni se tromper ni nous tromper.

3. *Faites un acte de Foi.*

Mon Dieu, je crois... (page 7).

4. *Qu'est-ce que l'Espérance?*

L'Espérance est une vertu surnaturelle par laquelle nous attendons, de la bonté et des promesses de Dieu, la grâce en cette vie et le paradis en l'autre.

5. *Faites un acte d'Espérance.*

Appuyé, mon Dieu... (page 7).

6. *Qu'est-ce que la Charité?*

La Charité est une vertu surnaturelle par laquelle nous aimons Dieu pour lui-même, par-dessus toutes choses, et notre prochain comme nous-mêmes pour l'amour de Dieu.

7. *Faites un acte de Charité.*

Mon Dieu, je vous aime... (page 8).

8. *Pouvons-nous être sauvés sans ces trois vertus théologales?*

Non, elles nous sont absolument nécessaires pour être sauvés.

9. *Suffit-il de croire, d'espérer et d'aimer?*

Non, cela ne suffit pas; il faut, de plus, faire les actes de ces vertus.

ONZIÈME LEÇON.

Du péché.

1. *Quel est le plus grand mal qui soit au monde?*

C'est le péché.

2. *Qu'est-ce que le péché?*

Le péché est une désobéissance à la loi de Dieu.

3. *Combien y a-t-il de sortes de péchés?*

Il y a deux sortes de péchés : le péché originel et le péché actuel.

4. *Qu'est-ce que le péché originel?*

Le péché originel est celui dont nous sommes souillés dès le premier instant de notre existence.

5. *Comment l'avons-nous contracté?*

Par la désobéissance de notre premier père Adam.

6. *Qu'est-ce que le péché actuel?*

Le péché actuel est celui que nous commettons par notre propre volonté.

7. *Combien y a-t-il de sortes de péchés actuels?*

Il y a deux sortes de péchés actuels : le péché mortel et le péché véniel.

8. *Qu'est-ce que le péché mortel?*

Le péché mortel est une désobéissance en matière grave, et pleinement volontaire, à la loi de Dieu.

9. *Quels effets produit le péché mortel?*

Le péché mortel donne la mort à l'âme, rend ennemi de Dieu et mérite l'enfer.

10. *Qu'est-ce que le péché véniel?*

Le péché véniel est une désobéissance en matière légère, ou incomplètement volontaire, à la loi de Dieu.

11. *Quels effets produit le péché véniel?*

Il déplaît à Dieu, il affaiblit notre âme et mérite de grands châtiments en ce monde et en l'autre.

DOUZIÈME LEÇON.

Des Commandements de Dieu.

1. *Combien y a-t-il de Commandements de Dieu?*

Il y a dix Commandements de Dieu.

2. *Récitez-les.*

Un seul Dieu... (page 8).

3. *Qu'est-ce que Dieu nous ordonne par le premier commandement : « Un seul Dieu... »?*

Il nous ordonne de croire en Dieu, d'espérer

en lui, de l'aimer par-dessus tout et de lui rendre le culte qui lui est dû.

4. *Qu'est-ce que Dieu nous défend par le second commandement : « Dieu en vain... »?*

Dieu nous défend les serments faits sans nécessité, les blasphèmes et les imprécations.

5. *Qu'est-ce que Dieu nous ordonne par le troisième commandement : « Les dimanches... »?*

Dieu nous ordonne de sanctifier le dimanche, qui est le jour du Seigneur.

6. *Que faut-il faire pour sanctifier le dimanche?*

Il faut, au moins, entendre la sainte messe et s'abstenir d'œuvres serviles.

7. *Qu'est-ce que Dieu nous ordonne par le quatrième commandement : « Tes père et mère... »?*

Il nous ordonne d'aimer nos pères et mères, de les respecter, de leur obéir selon Dieu, et de les assister dans leurs besoins.

8. *Devons-nous obéir à d'autres qu'à nos parents?*

Oui, il faut encore obéir à tous ceux qui ont le droit de nous commander.

9. *Qu'est-ce que Dieu défend par le cinquième commandement : « Homicide... »?*

Dieu défend de se donner la mort et de la donner injustement aux autres.

10. *Nous défend-il seulement de donner la mort au prochain?*

Il défend aussi le scandale, la calomnie, la médisance, la colère, la haine et la vengeance.

11. *Qu'est-ce que Dieu nous défend par*

les sixième et neuvième commandements : « Luxurieux... — L'œuvre de chair... »?

Dieu nous défend les pensées, les désirs, les paroles et les actions contraires à la vertu de pureté.

12. *Qu'est-ce que Dieu nous défend par les septième et dixième commandements : « Biens d'autrui... »?*

Dieu nous défend de faire tort au prochain dans ses biens et d'en avoir même le désir.

13. *Qu'est-ce qu'il ordonne par les mêmes commandements?*

Il ordonne de restituer le bien qu'on a pris et de réparer le tort qu'on a causé.

14. *Qu'est-ce que Dieu nous défend par le huitième commandement : « Faux témoignage... »?*

Il nous défend toutes sortes de mensonges.

TREIZIÈME LEÇON.

Des Commandements de l'Église.

1. *Combien y a-t-il de Commandements de l'Eglise?*

Il y a six principaux Commandements de l'Eglise.

2. *Récitez-les.*

Les dimanches, etc... (page 9).

3. *Que nous ordonne l'Eglise par le premier et le deuxième commandement : « Les dimanches... — Les fêtes tu sanctifieras... »?*

L'Eglise nous ordonne d'entendre la messe les jours de dimanche et de fêtes d'obligation et d'y assister avec attention et piété.

4. *Quelles sont les fêtes d'obligation en France?*

Ce sont les fêtes de la Noël, l'Ascension, l'Assomption et la Toussaint.

5. *Que nous ordonne l'Église par le troisième commandement : « Tous tes péchés... »?*

L'Eglise nous ordonne de nous confesser au moins une fois l'an, dès que nous avons l'âge de raison.

6. *Que nous ordonne l'Église par le quatrième commandement : « Ton Créateur... »?*

L'Eglise nous ordonne de communier au moins une fois l'an, au temps pascal.

7. *Que nous ordonne l'Eglise par le cinquième commandement : « Quatre-Temps... »?*

L'Eglise nous ordonne de jeûner pendant le Carême, les Quatre-Temps et les Vigiles ou veilles de certaines fêtes.

8. *Qu'est-ce que l'Eglise nous défend par le sixième commandement : « Vendredi... »?*

L'Eglise nous défend de manger de la viande le vendredi et le samedi, sans nécessité ou sans dispense.

QUATORZIÈME LEÇON.

De la grâce et de la prière.

1. *Pouvons-nous, par nos propres forces, observer les commandements de Dieu et de l'Eglise?*

Non ; nous avons besoin pour cela du secours de la grâce.

2. *Qu'est-ce que la grâce?*

La grâce est un don surnaturel que Dieu nous

accorde par sa pure bonté, en vertu des mérites de Jésus-Christ, pour faire notre salut.

3. *Comment pouvons-nous obtenir la grâce?*

Par la Prière, les Sacrements et les Bonnes Œuvres.

4. *Quelle est la plus excellente de toutes les prières?*

C'est le *Pater* ou Oraison dominicale.

5. *Pourquoi est-elle la plus excellente?*

Parce que c'est Notre-Seigneur Jésus-Christ qui nous l'a enseignée.

6. *Dites l'Oraison dominicale en français et en latin.*

Notre Père... Paster noster... (page 9).

7. *Par quelle prière l'Eglise invoque-t-elle le plus souvent la sainte Vierge?*

C'est par la Salutation Angélique ou *Je vous salue Marie*.

8. *Récitez cette prière en français et en latin.*

Je vous salue Marie... Ave, Maria... (page 10).

9. *Quelles sont les autres principales prières qu'un chrétien doit savoir et réciter?*

Je crois en Dieu; Je confesse à Dieu; les actes de Foi, d'Espérance et de Charité; l'acte de Contrition.

QUINZIÈME LEÇON.

Des Sacrements.

LE BAPTÊME ET LA CONFIRMATION.

1. *Qu'est-ce qu'un Sacrement?*
Un Sacrement est un signe sensible de la grâce, institué par Notre-Seigneur Jésus-Christ pour nous sanctifier.

2. *Combien y a-t-il de Sacrements?*
Il y en a sept : le Baptême, la Confirmation, l'Eucharistie, la Pénitence, l'Extrême-Onction, l'Ordre et le Mariage.

3. *Qu'est-ce que le Baptême?*
Le Baptême est un sacrement qui efface le péché originel, et qui nous fait chrétiens, enfants de Dieu et de l'Eglise.

4. *Qui peut administrer le sacrement de Baptême?*
C'est le prêtre; mais toute personne peut baptiser, en cas de nécessité.

5. *Comment donne-t-on le Baptême?*
On verse de l'eau naturelle sur la tête de celui qu'on baptise, en disant : Je te baptise au nom du Père, et du Fils, et du Saint-Esprit.

6. *Qu'est-ce que la Confirmation?*
La Confirmation est un sacrement qui nous donne le Saint-Esprit, avec l'abondance de ses grâces, et qui nous rend parfaits chrétiens.

SEIZIÈME LEÇON.

Des Sacrements (*suite*).

L'EUCHARISTIE.

1. *Qu'est-ce que l'Eucharistie?*

L'Eucharistie est un sacrement qui contient réellement le Corps, le Sang, l'Ame et la Divinité de Notre-Seigneur Jésus-Christ, sous les espèces ou apparences du pain et du vin.

LA SAINTE COMMUNION.

2. *Lorsque l'Hostie est divisée, en quelle partie se trouvent le corps et le sang de Notre-Seigneur?*

Jésus-Christ est tout entier dans chaque partie, dans la plus petite comme dans la plus grande.

3. *Pourquoi Jésus-Christ a-t-il institué l'Eucharistie?*

Jésus-Christ a institué l'Eucharistie pour y être adoré des fidèles, pour être offert en sacrifice à Dieu, et pour nourrir nos âmes dans la sainte Communion.

4. *Qu'est-ce que la messe?*

La messe est le sacrifice non sanglant du corps et du sang de Jésus-Christ offert à Dieu sur nos autels, sous les apparences du pain et du vin.

5. *Qu'est-ce que communier?*

Communier, c'est recevoir Jésus-Christ dans la sainte Eucharistie.

6. *A quel âge est-on obligé de communier?*

On est obligé de communier dès qu'on a l'âge de raison.

7. *Quelles sont les préparations nécessaires pour communier dignement?*

Il faut être en état de grâce, être à jeun, avoir une intention droite et un extérieur modeste et recueilli.

8. *Que faut-il faire après la Communion?*

Il faut remercier Dieu de tout son cœur et le prier avec confiance; c'est ce qu'on appelle l'action de grâces.

DIX-SEPTIÈME LEÇON.

Des Sacrements (*suite*).

LA PÉNITENCE.

1. *Qu'est-ce que le sacrement de Pénitence?*

La Pénitence est un sacrement qui remet par l'absolution les péchés commis après le baptême.

2. *Qu'est-ce que l'absolution?*

L'absolution est la sentence par laquelle le prêtre remet les péchés au nom de Notre-Seigneur Jésus-Christ.

3. *Quelles sont les conditions pour bien recevoir l'absolution?*

Il y en a trois : la contrition, la confession et la satisfaction.

4. *Qu'est-ce que la contrition?*

La contrition est la douleur d'avoir offensé Dieu et la détestation du péché, avec la résolution de ne plus le commettre.

5. *Récitez l'acte de contrition.*

Mon Dieu, j'ai un extrême regret... (p. 17).

6. *Qu'est-ce que la confession?*

La confession est l'accusation qu'on fait de ses péchés à un prêtre approuvé, pour en recevoir l'absolution.

7. *Que faut-il faire avant de se confesser?*

Il faut, après avoir imploré la grâce de Dieu, examiner sa conscience et s'exciter à la contrition.

8. *Faut-il confesser tous ses péchés?*

Oui, il faut confesser tous ses péchés, au moins les péchés mortels.

9. *Celui qui cacherait un seul péché mortel ferait-il une bonne confession?*

Non ; et même il commettrait un sacrilège s'il recevait l'absolution.

10. *A quoi serait-il obligé?*

A refaire sa confession et à s'accuser en particulier de ce sacrilège.

11. *Que faut-il faire après sa confession?*

Il faut remercier Dieu, et accomplir au plus tôt la pénitence imposée par le confesseur.

DIX-HUITIÈME LEÇON.

Des Sacrements (*suite*).

L'EXTRÊME-ONCTION. — L'ORDRE. — LE MARIAGE.

1. *Qu'est-ce que l'Extrême-Onction?*

L'Extrême-Onction est un sacrement institué pour le soulagement spirituel et même corporel des malades.

2. *Qu'est-ce que l'Ordre?*

L'Ordre est un sacrement qui donne le pouvoir et la grâce d'exercer saintement les fonctions ecclésiastiques.

3. *Est-ce une grande grâce et un grand honneur d'être appelé à l'état ecclésiastique?*

Oui, c'est une grande grâce et un grand honneur, et c'est aussi une source d'abondantes bénédictions pour les familles.

4. *Qu'est-ce que le Mariage?*

Le Mariage est un sacrement qui forme et sanctifie l'union de l'homme et de la femme, et leur donne la grâce de vivre chrétiennement ensemble, et d'élever leurs enfants dans la crainte de Dieu.

CATÉCHISME

DU

DIOCÈSE D'AUCH

PREMIÈRE PARTIE

De ce qu'il faut croire.

PREMIÈRE LEÇON.

Notions préliminaires.

1. *Êtes-vous chrétien?*

Oui, je suis chrétien par la grâce de Dieu.

2. *Qu'est-ce qu'un chrétien?*

C'est celui qui est baptisé, qui croit et qui professe la doctrine de Jésus-Christ.

3. *Qu'est-ce que la doctrine de Jésus-Christ?*

C'est celle que Jésus-Christ a enseignée à ses Apôtres, que ses Apôtres ont prêchée et qui maintenant est enseignée par l'Eglise.

4. *Où apprend-on à connaître la doctrine chrétienne?*

C'est principalement au catéchisme.

5. *Le catéchisme est-il nécessaire?*

Oui, il est très nécessaire; aussi, l'Eglise oblige-t-elle rigoureusement les Pasteurs à le faire et les fidèles à y assister.

6. *Quel est le signe d'un chrétien?*

C'est le signe de la Croix.

7. *Faites le signe de la Croix.*

† Au nom du Père, et du Fils, et du Saint-Esprit. Ainsi soit-il. Ou en latin : † In nomine Patris, et Filii, et Spiritus Sancti. Amen.

8. *Quand convient-il de faire le signe de la Croix?*

Très souvent; par exemple, en se levant, en se couchant, au commencement et à la fin des prières et des principales actions, dans un grand péril, et quand on est tenté d'offenser Dieu.

9. *Pourquoi convient-il de faire le signe de la Croix au commencement des prières et des principales actions?*

Pour les offrir à Dieu et lui demander la grâce de les bien faire.

10. *Pourquoi convient-il de faire le signe de la Croix lorsqu'on est tenté d'offenser Dieu?*

Pour demander à Dieu la grâce de ne pas succomber à la tentation.

11. *Que nous rappelle le signe de la Croix?*

Les principaux Mystères de notre religion.

12. *Qu'est-ce qu'un Mystère?*

C'est une vérité révélée de Dieu, et que nous devons croire, quoique nous ne puissions pas la comprendre.

13. *Est-il raisonnable de croire les mystères?*

Oui, parce que Dieu, qui nous les a révélés, est la vérité même et qu'il ne peut ni se tromper ni nous tromper.

14. *Est-il étonnant qu'il y ait des mystères dans la religion?*

Non, puisque dans la nature elle-même beaucoup de choses ne peuvent être expliquées par notre faible raison.

15. *Quels sont les principaux mystères de notre religion?*

Il y en a trois : le mystère de la sainte Trinité, le mystère de l'Incarnation et le mystère de la Rédemption.

16. *Faut-il savoir et croire ces trois mystères?*

Oui, il faut savoir et croire ces trois mystères pour être sauvé.

17. *Que faut-il encore pour être sauvé?*

Il faut trois choses : 1° Croire tout ce que Dieu nous a révélé; — 2° Observer les Commandements de Dieu et de l'Eglise; — 3° Demander la Grâce par la Prière et la recevoir par les Sacrements.

La Sainte Vierge conservait dans son cœur les paroles que l'on disait de son Fils. (Luc, 2.) — Serpent d'airain. (Nombres, 21.)

Pratique. — 1. Remerciez Dieu de vous avoir fait chrétien; — 2. Faites souvent le signe de la Croix et faites-le toujours bien respectueusement; — 3. Ne manquez jamais le Catéchisme.

DEUXIÈME LEÇON.

De Dieu.

1. *Où est contenu l'abrégé de ce qu'un Chrétien doit croire?*

Dans le *Credo*, ou Symbole des Apôtres.

2. *Récitez le Symbole en français.*

Je crois en Dieu, etc. (page 10).

3. *Récitez le Symbole en latin.*

Credo in Deum, etc. (page 10).

4. *Quelle est la première vérité que nous devons croire?*

C'est qu'il y a un Dieu et qu'il n'y a qu'un seul Dieu.

5. *Pourquoi croyez-vous en Dieu?*

Je crois en Dieu parce qu'il nous a révélé lui-même son existence et qu'il ne peut ni se tromper ni nous tromper.

6. *La raison ne nous dit-elle pas qu'il y a un Dieu?*

Oui, la raison nous dit qu'il y a un Dieu, parce que, s'il n'y avait pas de Dieu, le Ciel et la terre n'existeraient pas; car il ne peut y avoir d'effet sans cause.

7. *L'ordre qui existe dans le monde n'est-il pas encore une preuve de l'existence de Dieu?*

Oui, parce que cet ordre admirable suppose une sagesse infinie qui l'a établi.

8. *Connaissez-vous d'autres preuves naturelles de l'existence de Dieu?*

Oui, le témoignage des peuples qui ont tous cru à l'existence de Dieu, et celui de notre conscience.

9. *Qu'est-ce que Dieu?*

Dieu est un esprit, éternel, infiniment parfait, qui a créé le ciel et la terre, et qui est le Seigneur souverain de toutes choses.

10. *Pourquoi dites-vous que Dieu est un esprit?*

Parce qu'il est une intelligence, qu'il n'a point de corps, et qu'on ne peut ni le voir ni le toucher.

11. *Pourquoi dites-vous que Dieu est éternel?*

Parce qu'il n'a pas eu de commencement et qu'il n'aura jamais de fin.

12. *Pourquoi dites-vous que Dieu est infiniment parfait?*

Parce qu'il possède toutes les perfections, et que ses perfections n'ont point de bornes.

13. *Où est Dieu?*

Dieu est partout : au ciel, sur la terre, et en tous lieux.

14. *Dieu connaît-il tout ce qui se fait dans le monde?*

Oui, Dieu voit et connaît tout, jusqu'à nos pensées les plus secrètes.

15. *Dieu prend-il soin de nous?*

Oui, Dieu prend soin de nous, comme de toutes les créatures, et c'est par sa Providence qu'il nous conserve et pourvoit à tous nos besoins.

16. *Que devons-nous à Dieu ?*
Nous devons l'adorer Lui seul, l'aimer par-dessus toutes choses, et lui obéir en tout.

Apparition de Dieu à Moïse dans un buisson ardent. (Exode, 3.)
Majesté de Dieu. (Isaïe, 6 ; Apoc., 4.)
Providence de Dieu envers Joseph vendu. (Genèse, 37.)
Providence de Dieu envers toutes les créatures. (Matt., 6.)

Pratique. — 1. Faites un acte de foi sur toutes les vérités du Symbole ; — 2. Faites un acte de foi en l'existence de Dieu.

TROISIÈME LEÇON.

Du Mystère de la Sainte Trinité.

1. *Y a-t-il plusieurs dieux?*
Non, il n'y a qu'un seul Dieu, et il ne peut y en avoir plusieurs.

2. *Combien y a-t-il de personnes en Dieu ?*
Il y a trois personnes en Dieu, savoir : le Père, le Fils et le Saint-Esprit.

3. *Le Père est-il Dieu ?*
Oui, le Père est Dieu.

4. *Le Fils est-il Dieu ?*
Oui, le Fils est Dieu.

5. *Le Saint-Esprit est-il Dieu ?*
Oui, le Saint-Esprit est Dieu.

6. *Le Père, le Fils et le Saint-Esprit sont-ils trois dieux?*
Non, ces trois personnes ne sont pas trois dieux, mais un seul et même Dieu.

7. *Y a-t-il quelqu'une de ces trois person-*

nes qui soit plus grande ou plus ancienne que les autres?

Non, ces trois personnes divines sont égales en toutes choses.

8. *Pourquoi ces trois personnes divines sont-elles égales en toutes choses?*

Parce qu'elles n'ont toutes trois qu'une même nature et qu'une même divinité.

9. *Comment appelle-t-on ce mystère?*

On l'appelle le mystère de la sainte Trinité.

10. *Qu'est-ce que le mystère de la sainte Trinité?*

C'est le mystère d'un seul Dieu en trois personnes : Père, Fils et Saint-Esprit.

Vision d'Isaïe : *Saint, saint*, etc. (Isaïe, 6.)
Baptême de Notre-Seigneur. (Matt., 3; Marc, 1; Luc, c. 3.)

Pratique. — 1. Faites un acte de foi au mystère de la Sainte Trinité; — 2. Dites souvent : « Gloire au Père, au Fils et au Saint-Esprit »; — 3. Respectez votre âme et votre corps puisque vous êtes le temple de la Sainte Trinité.

QUATRIÈME LEÇON.

De Dieu créateur.

1. *Qui a créé le ciel et la terre?*

C'est Dieu qui a créé le ciel et la terre.

2. *Qu'entendez-vous quand vous dites que Dieu a créé le ciel et la terre?*

J'entends que Dieu a fait de rien le ciel et la terre.

3. *Avant que Dieu créât le ciel et la terre, y avait-il quelque chose?*

Non; Dieu seul existait.

4. *Pour qui Dieu a-t-il créé tout ce qui est dans le monde?*
C'est pour le service de l'homme.

5. *Quelles sont les créatures de Dieu les plus parfaites?*
Les créatures de Dieu les plus parfaites sont les Anges et l'Homme.

L'ANGE GARDIEN.

6. *Qu'est-ce que les anges?*
Les anges sont de purs esprits que Dieu a créés pour le louer et pour exécuter ses ordres.

7. *Dans quel état Dieu créa-t-il les anges?*
Dieu créa les anges dans un état de grâce et de sainteté.

8. *Ont-ils tous persévéré dans cet état?*
Les uns ont persévéré dans cet état, les autres en sont déchus par leur orgueil.

9. *Quel est maintenant l'état des bons anges?*

Ils sont éternellement heureux, en jouissant de la vue de Dieu.

10. *Les anges ne sont-ils pas chargés de veiller sur les hommes?*

Oui, Dieu nous a confiés à leurs soins, en donnant à chacun de nous un Ange gardien.

11. *Comment l'ange gardien prend-il soin de nous?*

L'ange gardien prie pour nous; il offre à Dieu nos bonnes actions; il nous défend contre les démons et nous protège dans les périls.

12. *Que devons-nous à notre ange gardien?*

Nous devons le prier, le remercier, suivre ses inspirations et ne rien faire en sa présence qui puisse lui déplaire.

13. *Que devinrent les mauvais anges après leur péché?*

Ils furent chassés du ciel et précipités dans l'enfer, où ils souffrent des supplices éternels.

14. *Les démons ne tentent-ils pas les hommes?*

Oui, ils tentent les hommes en les excitant à pécher.

15. *Pouvons-nous résister aux tentations du démon?*

Oui, par la vigilance et la prière.

Création du monde. (Genèse, 1.)

Des anges apparaissent à Abraham (Gen., 18), à Loth (Gen. 19), à la mère de Samson (Jug., 13), à Elie (3e Liv. des Rois, 19), à Tobie (Liv. de Tobie, 3), à la sainte Vierge (Luc, 1).

Job est tenté par le démon. (Liv. de Job, 1.)

Le démon est vaincu par Jésus-Christ. (Matt. 4, et Luc, 5.)

Pratique. — 1. Admirons la puissance de Dieu

Créateur du monde ; — 2. Remercions-le d'avoir fait toutes choses pour le service de l'homme ; — 3. Veillons et prions pour ne pas succomber à la tentation.

CINQUIÈME LEÇON.

De la création de l'homme.

1. *Qu'est-ce que l'homme?*

L'homme est une créature raisonnable composée d'un corps et d'une âme.

2. *Pourquoi Dieu nous a-t-il créés?*

Dieu nous a créés pour le connaître, l'aimer, le servir et, par ce moyen, mériter le Ciel.

3. *Quels sont le premier homme et la première femme que Dieu a créés?*

Adam et Ève, nos premiers parents.

4. *Avec quoi Dieu a-t-il formé le corps du premier homme?*

Il l'a formé avec de la terre.

5. *De quoi a-t-il formé le corps de la première femme?*

D'une côte d'Adam.

6. *De quoi a-t-il formé leurs âmes?*

Il les a créées, c'est-à-dire qu'il les a faites de rien.

7. *Qu'est-ce que l'âme?*

L'âme est un esprit immortel, créé à l'image de Dieu, pour être uni à un corps.

8. *Comment savons-nous que nous avons une âme?*

Parce que Dieu nous l'a révélé.

9. *La raison ne nous dit-elle pas aussi que nous avons une âme?*

Oui, la raison nous dit que, sans une âme, nous ne pouvons ni penser, ni vouloir.

10. *Notre âme est donc en nous ce qui pense et ce qui veut?*

Oui, car notre corps est incapable de penser et de vouloir.

11. *Dieu nous a-t-il donné la liberté?*

Oui, puisqu'il nous a laissés maîtres de choisir, d'agir ou de ne pas agir, comme il nous plaît.

12. *Quel usage devons-nous faire de cette liberté?*

Nous devons la consacrer à Dieu, en faisant le bien et en évitant le mal.

13. *En quoi consiste l'excellence de notre âme?*

En ce que Dieu l'a formée à son image et à sa ressemblance.

14. *Comment notre âme est-elle faite à l'image de Dieu?*

En ce qu'elle est un esprit immortel, capable de connaître et d'aimer Dieu.

Création d'Adam et Ève. (Gen., 1, 2.)

Pratique. — Fuyez le péché et respectez en vous l'image de Dieu.

SIXIÈME LEÇON.

De la création de l'homme (*suite*).

1. *Dans quel état Adam et Ève furent-ils créés?*

Adam et Ève furent créés dans un état de grâce et de sainteté, exempts de la mort et de toutes les peines de la vie.

2. *Où Dieu plaça-t-il d'abord Adam et Ève?*

Dieu les plaça dans le Paradis terrestre, c'est-à-dire dans un jardin délicieux.

3. *Adam et Ève demeurèrent-ils dans l'état de sainteté?*

Non, ils le perdirent par leur désobéissance.

4. *En quoi désobéirent-ils à Dieu?*

En mangeant d'un fruit dont Dieu leur avait défendu de manger sous peine de mort.

5. *Pourquoi Dieu leur avait-il défendu de manger de ce fruit?*

Pour leur faire comprendre qu'il était leur souverain maître et pour éprouver leur obéissance.

6. *Qui est-ce qui les porta à désobéir à Dieu?*

Ce fut le démon, caché sous la forme d'un serpent.

7. *Quelles furent les suites de cette désobéissance d'Adam et d'Ève?*

Ils perdirent la grâce sanctifiante, furent chassés du Paradis terrestre et devinrent sujets à l'ignorance, à l'inclination au mal, aux misères de la vie et à la mort.

8. *Le péché d'Adam est-il passé à ses descendants?*

Oui, il est passé à ses descendants avec toutes ses suites, et c'est ce qu'on appelle le péché originel.

9. *Dieu abandonna-t-il l'homme après son péché?*

Non, il ne l'abandonna pas; il en eut pitié et lui promit un Messie ou Sauveur.

10. *Quel est ce Sauveur?*

C'est Notre-Seigneur Jésus-Christ.

Chute d'Adam et d'Ève. (Gen., 3.)

Pratique. — Méfions-nous des ruses du démon acharné à nous perdre.

SEPTIÈME LEÇON.

Du mystère de l'Incarnation.

1. *Qu'est-ce que le mystère de l'Incarnation?*

C'est le mystère du Fils de Dieu fait homme pour nous racheter.

2. *Qu'entendez-vous quand vous dites que le Fils de Dieu s'est fait homme?*

J'entends qu'il s'est fait semblable à nous, en prenant un corps mortel et une âme raisonnable.

3. *Comment s'appelle le Fils de Dieu fait homme?*

Il s'appelle Jésus-Christ Notre-Seigneur.

4. *Jésus Christ est-il Dieu?*

Oui, Jésus-Christ est Dieu.

5. *Jésus-Christ est-il aussi homme?*

Oui, Jésus-Christ est Dieu et homme tout ensemble.

6. *Combien y a-t-il de natures en Jésus-Christ?*

Il y a deux natures en Jésus-Christ : la nature divine et la nature humaine.

7. *Combien y a-t-il de personnes en Jésus-Christ?*

Il n'y a en Jésus-Christ qu'une seule personne, qui est la personne du Fils de Dieu, la seconde personne de la Sainte Trinité.

8. *Que signifie le nom de Jésus?*

Il signifie Sauveur.

9. *Que signifie le nom de Christ?*

Il signifie oint ou sacré.

10. *Pourquoi appelez-vous Jésus-Christ Notre-Seigneur?*

Parce que, comme Dieu, il est le Maître de toutes choses et qu'il nous a créés.

11. *Pourquoi encore?*

Parce que, comme Sauveur, il nous a rachetés par son sang, et que son Père nous a donnés à lui.

Jésus-Christ est déclaré Fils de Dieu lors de son baptême, (Matt., 3), lors de sa transfiguration (Matt. 17; Marc, 9).

Témoignage de Jésus-Christ sur lui-même. (Jean, 5, 8, 10.)

Témoignage de saint Jean-Baptiste. (Matt., 11)

Témoignage de saint Pierre. (Matt., 16; Marc, 8; Luc, 9; Actes, 2, 3.)

Pratique. — 1. Faites un acte de foi à la divinité de Notre-Seigneur Jésus-Christ; — 2. Ayez un grand respect pour son nom sacré.

HUITIÈME LEÇON.

Du mystère de l'Incarnation (*suite*).

1. *Comment le Fils de Dieu s'est-il fait homme ?*

En prenant un corps et une âme semblables aux nôtres par l'opération du Saint-Esprit, le jour de l'Annonciation, qui est le 25 mars.

LA SAINTE FAMILLE.

2. *Quelle est la mère de Notre-Seigneur Jésus-Christ ?*

La mère de Notre-Seigneur Jésus-Christ est la très sainte Vierge Marie.

3. *La sainte Vierge est-elle véritablement Mère de Dieu?*

Oui, elle est Mère de Dieu, puisqu'elle est Mère de Jésus-Christ, qui est Dieu.

4. *Pourquoi saint Joseph est-il appelé le père de Notre-Seigneur?*

Parce que saint Joseph était l'époux de la sainte Vierge, et qu'en cette qualité il a nourri et élevé Notre-Seigneur.

5. *Quand est né Notre-Seigneur Jésus-Christ?*

La nuit de Noël, à minuit.

6. *Où est-il né?*

A Bethléem, dans une étable.

7. *Quel jour Notre-Seigneur fut-il circoncis et appelé Jésus?*

Le premier jour de l'an, qui est la fête de la Circoncision.

8. *Quel jour Jésus-Christ fut-il adoré des rois mages?*

Le jour de l'Epiphanie ou fête des rois, qu'on célèbre le 6 janvier.

9. *Quel jour fut-il présenté à Dieu son Père dans le Temple?*

Le jour de la Purification de la sainte Vierge, qui est le 2 février.

10. *Combien de temps Jésus-Christ a-t-il vécu sur la terre?*

Environ trente-trois ans.

11. *Qu'a fait Jésus-Christ sur la terre?*

Il a enseigné aux hommes à vivre saintement, il a satisfait pour leurs péchés et leur a mérité la grâce et la gloire éternelle.

12. *Où Jésus-Christ a-t-il passé la plus grande partie de sa vie?*

A Nazareth, dans la maison de la sainte Vierge et de saint Joseph.

13. *Quelle a été la vie de Jésus-Christ à Nazareth?*

Une vie de prière, d'obéissance et de travail.

JÉSUS AU MILIEU DES DOCTEURS.

14. *Comment Jésus-Christ passa-t-il les trois dernières années de sa vie ?*

Il les passa à prêcher dans les villes et dans les bourgades de la Judée, guérissant les malades, chassant les démons, ressuscitant les morts et faisant toutes sortes de miracles.

15. *Notre-Seigneur Jésus-Christ a-t-il affirmé qu'il était Dieu?*

Il l'a affirmé à plusieurs reprises, même devant ses juges qui, pour ce motif, le condamnèrent à mort.

16. *Comment Notre-Seigneur a-t-il prouvé qu'il était Dieu ?*

Il l'a prouvé par sa vie toute sainte, par sa doctrine, par l'accomplissement des prophéties dans sa personne, par ses miracles, et surtout par le miracle de sa Résurrection.

Circonstances de la naissance de Jésus-Christ. (Matt., 1 ; Luc, 1.) Fuite en Égypte. (Matt. 2.)

Massacre des Innocents. (Matt. 2.)

Purification de la sainte Vierge. (Luc, 2.)

Pratique. — Adorons N.-S. J.-C. comme notre Dieu, remercions-le de ce qu'il s'est fait homme pour nous, pratiquons ses leçons et suivons ses exemples.

NEUVIÈME LEÇON.

Du mystère de la Rédemption.

1. *Qu'est-ce que le mystère de la Rédemption ?*

C'est le mystère de Jésus-Christ mort sur la Croix pour nous racheter de l'enfer et pour nous sauver.

2. *Que signifient ces mots : « Nous racheter » ?*

Ils signifient que Jésus-Christ nous a délivrés du péché et de la damnation éternelle.

3. *Comment Jésus-Christ nous a-t-il rachetés et comment nous a-t-il mérité la grâce et la gloire éternelle ?*

Par ses souffrances et par sa mort.

4. *Pour qui Jésus-Christ est-il mort?*

Jésus-Christ est mort pour le salut de tous les hommes en général, et pour le salut de chacun de nous en particulier.

5. *Jésus-Christ, comme Dieu, a-t-il pu souffrir et mourir?*

Non, Jésus-Christ, comme Dieu, n'a pu ni souffrir ni mourir.

6. *Comment donc Jésus-Christ a-t-il souffert et comment est-il mort?*

Jésus-Christ a souffert et il est mort, comme homme; mais, comme Dieu, il a donné un prix infini à ses souffrances et à sa mort.

7. *Etait-il nécessaire que Jésus-Christ souffrît et mourût pour nous racheter?*

Non; mais, en souffrant et en mourant pour nous, il a voulu nous faire mieux comprendre la malice du péché et la grandeur de son amour.

8. *Quels tourments Jésus-Christ a-t-il endurés?*

Jésus-Christ fut trahi par Judas, abandonné par ses apôtres, souffleté, flagellé, couronné d'épines, condamné à mort et crucifié.

9. *Jésus-Christ veut donc le salut de tous les hommes?*

Oui, Jésus-Christ veut sincèrement que tous les hommes soient sauvés.

Passion de Jésus-Christ. (Matt. 26 et suiv.; Marc, 14 et suiv.; Luc, 22 et suiv.; Jean, 18 et suiv.)

Pratique. — 1. Pensez souvent à la Passion de N.-S. J.-C., surtout pendant la messe; — 2. Saluez sans respect humain les croix que vous rencontrez sur votre chemin.

DIXIÈME LEÇON.

Du mystère de la Rédemption (*suite*).

1. *Comment Jésus-Christ est-il mort?*
Par le supplice de la Croix.

2. *Quel jour est-il mort?*
Jésus-Christ est mort le vendredi-saint.

3. *Que devint le corps de Jésus-Christ après sa mort?*
Il fut enseveli et mis au tombeau.

4. *Que devint l'âme de Jésus-Christ pendant que son corps était dans le tombeau?*
Elle descendit aux enfers, c'est-à-dire aux limbes, pour délivrer les âmes des justes qui étaient morts dans la grâce de Dieu depuis le commencement du monde.

5. *Quel jour Notre-Seigneur est-il ressuscité?*
Le matin de Pâques, le troisième jour après sa mort.

6. *Comment savons-nous que Jésus-Christ est ressuscité?*
Par le témoignage des apôtres, des autres disciples, et de ses ennemis eux-mêmes.

7. *Comment les apôtres ont-ils confirmé leur témoignage?*
Par leurs miracles et par leur mort.

8. *Que fit Notre-Seigneur après sa résurrection?*
Notre-Seigneur demeura encore quarante jours sur la terre pour achever d'instruire ses

apôtres et leur donner une foi plus ferme en sa résurrection.

9. *Quel jour Notre-Seigneur est-il monté au ciel?*

Le jour de l'Ascension.

10. *Pourquoi Notre-Seigneur monta-t-il au ciel?*

Pour y être glorifié, pour nous en ouvrir l'entrée, et pour envoyer le Saint-Esprit, comme il l'avait promis, à ses apôtres.

11. *Où est maintenant Notre-Seigneur Jésus-Christ?*

Comme Dieu, Notre-Seigneur Jésus-Christ est partout; mais comme Dieu et Homme tout ensemble, il est au Ciel et au Saint-Sacrement de l'autel.

12. *Jésus-Christ doit-il de nouveau descendre du Ciel?*

Oui, Jésus-Christ descendra du Ciel, visiblement, à la fin du monde, pour juger tous les hommes, justes et pécheurs.

13. *Que devons-nous à Jésus-Christ, notre Rédempteur?*

Nous devons le remercier du bienfait de notre rédemption, l'aimer de tout notre cœur et le servir avec toute la fidélité possible.

Jonas, figure de Jésus-Christ dans le tombeau. (Liv. de Jonas, 2.)
Sépulture de Jésus-Christ. (Matt. 27.)
Résurrection. (Matt., 28; Marc, 16; Luc, 24.)
Ascension. (Marc, 16; Luc, 24; Actes, 1.)

Pratique. — 1. Ayez un grand respect pour la Croix; — 2. Portez sur vous un crucifix; — 3. Aimez à faire le chemin de la Croix.

ONZIÈME LEÇON.

Du Saint-Esprit.

1. *Qu'est-ce que le Saint-Esprit?*
Le Saint-Esprit est la troisième personne de la Sainte Trinité, Dieu comme le Père et le Fils.

2. *Que faut-il croire du Saint-Esprit?*
Il faut croire du Saint-Esprit qu'il procède du Père et du Fils, et qu'il a, avec le Père et le Fils, une même nature et une même divinité.

DESCENTE DU SAINT-ESPRIT SUR LES APÔTRES.

3. *Quel jour Notre-Seigneur a-t-il envoyé le Saint-Esprit à ses Apôtres?*
Le jour de la Pentecôte, dix jours après son Ascension.

4. *Pourquoi le Saint-Esprit est-il descendu sur les Apôtres?*

Afin de leur donner la lumière et la force nécessaires pour prêcher l'Evangile et établir l'Eglise.

5. *Où est le Saint-Esprit?*

Il est partout, mais il habite plus particulièrement dans les âmes des justes.

6. *Quelle est l'action du Saint-Esprit sur nos âmes?*

Le Saint-Esprit éclaire nos âmes de ses lumières, les sanctifie par sa grâce et les assiste par ses dons dans leurs besoins.

7. *Devons-nous souvent recourir au Saint-Esprit?*

Oui, nous devons souvent recourir au Saint-Esprit, parce que, sans les secours qu'il nous accorde, nous ne pouvons rien faire pour notre salut.

8. *Par quel moyen recevons-nous ordinairement le Saint-Esprit?*

Par les Sacrements, et surtout par le sacrement de Confirmation.

Jésus-Christ promet à ses Apôtres de leur envoyer le Saint-Esprit. (Jean, 15.)

Descente du Saint-Esprit (Actes, 2.)

Pratique. — 1. Invoquez souvent le Saint-Esprit; — 2. Ne résistez pas à ses inspirations.

DOUZIÈME LEÇON.

De l'Église.

1. *Qu'est-ce que l'Eglise?*
L'Eglise est la société des fidèles, gouvernée par le Pape et par les Evêques soumis à son autorité.

2. *Qui est le Chef de l'Eglise?*
Le Chef invisible de l'Eglise est N.-S. Jésus-Christ, et le chef visible sur la terre est le Pape, son vicaire infaillible.

3. *Comment Jésus-Christ est-il le chef invisible de l'Eglise?*
Parce qu'il l'a fondée, qu'il la dirige par son Esprit et la soutient par sa puissance.

4. *Quelle est l'autorité du Pape comme chef visible de l'Eglise?*
Le Pape gouverne toute l'Eglise, les Pasteurs et les simples fidèles.

5. *Pourquoi le Pape est-il le chef des Pasteurs de l'Eglise?*
Parce qu'il est le successeur de saint Pierre, qui était le chef des Apôtres.

6. *L'Eglise est-elle infaillible?*
Oui, l'Eglise est infaillible.

7. *Que veut dire le mot infaillible?*
Il signifie que l'Eglise ne peut pas enseigner l'erreur ou se tromper dans son enseignement.

8. *Pourquoi l'Eglise ne peut-elle pas se tromper dans son enseignement?*
Parce que Jésus-Christ a dit qu'il serait avec

elle jusqu'à la fin des siècles et qu'il lui a promis l'assistance de l'Esprit-Saint.

9. *Qui est chargé d'enseigner dans l'Eglise?*

C'est le Pape, et les Évêques unis au Pape.

10. *Le Pape, chef de l'Eglise, est-il infaillible?*

Oui, le Pape est infaillible, quand il définit, comme chef de l'Eglise, ce qu'il faut croire ou pratiquer.

11. *Quels sont les autres Pasteurs de l'Eglise?*

Ce sont les Évêques, successeurs des Apôtres, qui gouvernent leurs diocèses sous l'autorité du Souverain Pontife.

12. *Quels sont les auxiliaires des évêques?*

Ce sont les prêtres, et particulièrement les curés placés par les Evêques à la tête des paroisses.

Mission des Apôtres; assistance promise. (Matth., 28.)

Pratique. — Ayons un profond respect et une grande docilité pour tous les ministres de l'Eglise, surtout pour le Pape qui est le vicaire de N.-S. J.-C.

TREIZIÈME LEÇON.

Caractères de la véritable Église.

1. *Y a-t-il plusieurs Eglises?*

Non, il n'y a qu'une seule véritable Eglise.

2. *Pourquoi n'y a-t-il qu'une seule véritable Eglise?*

Parce que Jésus-Christ n'a fondé qu'une seule Eglise.

3. *A quelles marques peut-on reconnaître l'Eglise fondée par Jésus-Christ?*

Cette Eglise doit être : 1° une; — 2° sainte; — 3° catholique; — 4° apostolique.

4. *Quelle est l'Église qui est une, sainte, catholique, et apostolique?*

C'est l'Eglise Romaine.

5. *Pourquoi dites-vous que l'Eglise romaine est une?*

Parce que tous ses membres n'ont qu'un même chef, qu'une même foi, et qu'ils participent aux mêmes Sacrements.

6. *Pourquoi dites-vous que l'Eglise romaine est sainte?*

Parce qu'elle a pour fondateur Jésus-Christ, et que, par sa doctrine, ses lois et ses Sacrements, elle a toujours formé des saints.

7. *Pourquoi dites-vous que l'Eglise romaine est catholique?*

Parce qu'elle s'étend à tous les temps et à tous les lieux.

8. *Pourquoi dites-vous que l'Eglise romaine est apostolique?*

Parce que le Pape et les évêques ont succédé sans interruption aux apôtres, et qu'ils n'enseignent que la doctrine apostolique.

9. *N'y a-t-il pas une secte ou société qui poursuit l'Eglise de sa haine et la combat en toute occasion?*

Oui, c'est la franc-maçonnerie, société secrète, antireligieuse et antipatriotique, à laquelle on ne peut donner son nom sans pécher gravement.

Autorité de l'Église. (Matt., 18.)

Pratique. — Remercions Dieu de nous avoir fait naître dans la véritable Eglise.

QUATORZIÈME LEÇON.

Des Membres qui composent l'Église.

1. *Qu'entend-on par membres de l'Eglise?*

Par membres de l'Eglise on entend tous ceux qui appartiennent soit au corps, soit à l'âme de l'Eglise.

2. *Que faut-il pour appartenir au corps de l'Eglise?*

Il faut être baptisé et soumis aux pasteurs légitimes de l'Eglise.

3. *Que faut-il pour appartenir à l'âme de l'Eglise?*

Il faut être en état de grâce, c'est-à-dire être exempt de péché mortel.

4. *Les pécheurs sont-ils membres de l'Eglise?*

Oui, mais ils ne font partie que du corps de l'Eglise.

5. *Quels sont ceux qui sont hors de l'Eglise?*

Ce sont les infidèles, les apostats, les hérétiques, les schismatiques et les excommuniés.

6. *Les infidèles, les hérétiques, les schismatiques et les excommuniés sont-ils nécessairement hors de l'Eglise?*

Oui, hors du corps de l'Eglise; mais ils peuvent faire partie de l'âme de l'Eglise, et par conséquent être sauvés.

7. *Qu'entendez-vous par infidèles?*

Les infidèles sont des non-baptisés qui ignorent la doctrine de Jésus-Christ, ou qui la rejettent.

8. *Qu'entendez-vous par apostats?*

Les apostats sont des baptisés qui renient intérieurement et extérieurement la foi catholique.

9. *Qu'entendez-vous par hérétiques?*

Les hérétiques sont des baptisés qui refusent avec opiniâtreté de croire quelqu'une des vérités révélées et définies comme telles par l'Eglise.

10. *Qu'entendez-vous par schismatiques?*

Les schismatiques sont des baptisés qui refusent d'obéir aux pasteurs légitimes de l'Eglise.

11. *Qu'entendez-vous par excommuniés?*

Les excommuniés sont des baptisés que l'Eglise a retranchés de son sein pour les punir de quelque grande faute et les exciter par ce moyen à la pénitence.

12. *Pouvez-vous facilement reconnaître que vous êtes dans la véritable Eglise?*

Oui, il me suffit de savoir que je suis soumis à mon curé, que mon curé est soumis à mon archevêque et que mon archevêque est soumis à notre Saint-Père le Pape.

Autorité de saint Pierre dans l'Église. (Matt., 16; Actes, 12.)

Pratique. — Prions pour que Dieu daigne amener à l'Eglise ceux qui en sont séparés par l'erreur.

QUINZIÈME LEÇON.

De la Communion des Saints.

1. *Qu'est-ce que la Communion des Saints?*

C'est l'union entre les Saints du Ciel, les justes du Purgatoire et les fidèles de la terre.

2. *Pourquoi désigne-t-on les fidèles sous le nom de saints?*

Parce qu'ils ont été sanctifiés par le baptême et qu'ils sont appelés à la sainteté en ce monde et en l'autre.

3. *Comment appelle-t-on la société des membres de l'Eglise sur la terre, au Ciel et dans le Purgatoire?*

La société des membres de l'Eglise s'appelle : sur la terre, l'Eglise militante ; au Ciel, l'Eglise triomphante ; dans le Purgatoire, l'Eglise souffrante.

4. *Comment sommes-nous en communion avec les Saints du Ciel?*

Par les hommages que nous leur rendons, par les prières que nous leur adressons et par les grâces qu'ils nous obtiennent.

5. *Comment sommes-nous en communion avec les âmes du Purgatoire?*

Par le soulagement que nous leur méritons et par les secours qu'elles nous procurent.

6. *Comment sommes-nous en communion avec les fidèles de la terre?*

En participant aux mérites les uns des autres, et en priant les uns pour les autres.

Communion des fidèles de la terre avec les Saints. Onias et Jérémie, morts depuis longtemps, prient pour le peuple d'Israël. (2e Liv. des Machab., 3.) — Communion des fidèles de la terre avec les âmes du Purgatoire. Judas Machabée fait offrir le sacrifice, à Jérusalem, pour les péchés des Juifs tués dans le combat. (2e Liv. des Machab., 12.) — Communion des fidèles de la terre entre eux. Abraham prie pour la ville de Sodome. (Gen., 18.)

Moïse prie pour le peuple d'Israël. (Exode, 32.) Les fidèles prient pour saint Pierre, qui est en prison. (Actes, 12.)

Pratique. — 1. Invoquons les Saints qui sont dans le Ciel; — 2. Soulageons les âmes du Purgatoire; — 3. Prions les uns pour les autres.

SEIZIÈME LEÇON.

De l'Écriture sainte. — De la Tradition.

1. *Où sont contenues les vérités que Dieu a révélées et que l'Eglise enseigne?*

Dans l'Ecriture Sainte et dans la Tradition.

2. *Qu'entendez vous par l'Ecriture Sainte?*

L'Ecriture Sainte est la parole de Dieu écrite et contenue dans l'Ancien et le Nouveau Testament, qu'on appelle la Bible.

3. *Qu'est-ce que la Tradition?*

La Tradition est la parole de Dieu qui n'a pas été écrite dans les Livres saints, mais qui a été transmise de vive voix par les Apôtres et qui s'est conservée jusqu'à nous.

4. *Comment connaissons-nous les véritables Ecritures et les Traditions qu'on doit recevoir?*

Par le témoignage et la décision de l'Eglise.

5. *A qui appartient-il d'interpréter souverainement l'Ecriture Sainte et la Tradition?*

A l'Eglise seule.

6. *Comment faut-il lire l'Ecriture Sainte?*

Il faut la lire avec respect et soumission.

7. *Est-il bon surtout de lire l'Evangile?*

Oui, il faut surtout lire l'Evangile, parce que c'est le résumé de la vie de Notre-Seigneur et de sa sainte doctrine.

L'officier de la reine d'Éthiopie converti en lisant Isaïe. (Actes, 8.)

Pratique. — Aimez à lire chaque jour une page de l'Evangile.

DIX-SEPTIÈME LEÇON.

De la Mort.

1. *Qu'est-ce que la mort?*

C'est la séparation de l'âme d'avec le corps.

2. *Mourrons-nous un jour?*

Oui, nous mourrons tous, au jour marqué par Dieu.

3. *Pourquoi tous les hommes ont-ils été condamnés à la mort?*

En punition du péché d'Adam, notre premier père.

4. *En quel état mourrons-nous?*

Nous n'en savons rien; mais, ordinairement, on meurt comme on a vécu.

5. *Il faut donc nous tenir toujours prêts à paraître devant Dieu?*

Oui, parce que notre bonheur comme notre malheur éternel dépendent de l'état d'âme où nous serons à la mort.

6. *Que devons-nous faire pour obtenir la grâce d'une bonne mort?*

Nous devons la demander à Dieu, éviter le péché et remplir les devoirs du chrétien.

7. *Que deviendra notre corps après la mort?*

On le mettra en terre.

MORT DE SAINT JOSEPH,

8. *Notre corps restera-t-il toujours en terre?*

Non, il ressuscitera à la fin du monde pour comparaître au jugement de Dieu et participer à la récompense ou à la punition de l'âme.

9. *Notre âme mourra-t-elle avec le corps?*

Non, Dieu l'a faite immortelle.

Mauvais riche. (Luc, 16.) Balthasar. (Daniel, 5.) Antiochus. (2e Livre des Machab., 6.)

Pratique. — 1. Demandez souvent à Dieu la grâce d'une bonne mort; — 2. Ayez une tendre dévotion à saint Joseph, patron de la bonne mort.

DIX-HUITIÈME LEÇON.

Du Jugement.

1. *Que deviendra notre âme aussitôt après notre mort?*

Elle paraîtra devant Dieu pour être jugée, et c'est ce qu'on appelle le jugement particulier.

2. *Sur quoi notre âme sera-t-elle jugée?*

Sur ses bonnes œuvres et sur ses péchés.

3. *Que deviendra-t-elle après ce jugement?*

Elle ira soit en Purgatoire pour un temps, soit en Paradis ou en Enfer pour toujours.

4. *L'homme paraîtra-t-il encore à un autre jugement?*

Oui, il paraîtra encore au jugement général.

5. *Que sera ce jugement ?*

Ce sera celui que Jésus-Christ fera publiquement de tous les hommes, à la fin du monde.

6. *Comment les hommes paraîtront-ils au jugement général ?*

Ils y paraîtront en corps et en âme.

7. *Quelle sentence prononcera Jésus-Christ sur les justes ?*

Il leur dira : « Venez, les bénis de mon Père ; possédez le royaume qui vous est préparé depuis le commencement du monde. »

8. *Que dira-t-il aux pécheurs?*

« Retirez-vous de moi, maudits; allez au feu éternel, qui a été préparé pour les démons. »

Parabole de l'économe auquel on demande compte de son administration. (Luc, 16.) Description du jugement dernier. (Matt., 24 et 25.)

Pratique. — 1. Respectez et mortifiez votre corps afin qu'il ressuscite glorifié ; — 2. Jugez-vous avec sévérité, afin que Dieu vous juge avec indulgence.

DIX-NEUVIÈME LEÇON.

Du Paradis.

1. *Qu'est-ce que le Paradis?*

Le Paradis ou Ciel est un lieu de délices où les Anges et les Saints jouissent d'un bonheur éternel et parfait.

2. *En quoi consiste le bonheur du Paradis?*

A voir Dieu, à l'aimer, à le posséder pour toujours, dans un bonheur sans mélange.

3. *Qui sont ceux qui iront en Paradis?*

Tous ceux qui mourront en état de grâce.

4. *Les Saints sont-ils maintenant en Paradis en corps et en âme?*

Non, il n'y a encore que leurs âmes qui soient en Paradis.

5. *Quand est-ce que leurs corps doivent y entrer?*

A la fin du monde, après la résurrection et le jugement général.

6. *Combien de temps doit durer le bonheur des Saints?*

Il durera éternellement, c'est-à-dire qu'il ne finira jamais.

Les huit béatitudes. (Matt., 5.) — Transfiguration. (Matt., 17.)

Pratique. — Pensons souvent au Ciel qui est notre véritable patrie.

VINGTIÈME LEÇON.

De l'Enfer.

1. *Qu'est-ce que l'Enfer?*

L'Enfer est un lieu de tourments où les damnés brûleront éternellement avec les démons.

2. *Comment savons-nous qu'il y a un Enfer et un Enfer éternel?*

Nous le savons parce que Dieu nous l'a révélé et que l'Eglise nous l'enseigne.

3. *Qui sont ceux qui vont en Enfer?*

Tous ceux qui meurent en état de péché mortel.

4. *Faut-il avoir commis beaucoup de péchés mortels pour aller en Enfer?*

Non; un seul péché mortel, si on meurt sans en avoir obtenu le pardon, suffit pour aller en Enfer.

5. *Quelles peines souffrent ceux qui vont en Enfer?*

La plus terrible de leurs peines est de ne pas

voir Dieu, et c'est ce qu'on appelle *la peine du dam*.

6. *Quelle autre peine souffrent-ils?*

Ils souffrent toutes sortes de tourments, particulièrement d'être brûlés sans cesse, et c'est ce qu'on appelle *la peine des sens*.

7. *Combien de temps dureront les supplices des damnés?*

Ils dureront éternellement, c'est-à-dire qu'ils ne finiront jamais.

Coré et ses compagnons descendent vivants en enfer. (Nombr. 16.) — Mauvais riche dans les tourments. (Luc, 16.)

Pratique. — Pensez à l'Enfer afin de ne pas succomber à la tentation.

VINGT ET UNIÈME LEÇON

Du Purgatoire. — Des Indulgences.

1. *Qu'est-ce que le Purgatoire ?*

Le Purgatoire est un lieu de douleurs où les justes achèvent d'expier leurs péchés avant d'entrer en Paradis.

2. *Qui sont ceux qui vont en Purgatoire ?*

Ce sont ceux qui meurent en état de péché véniel, ou qui n'ont pas entièrement satisfait à la justice de Dieu.

3. *Quelles peines endurent les âmes du Purgatoire?*

Les âmes du Purgatoire sont : 1° privées de

la vue de Dieu pour un temps; 2° soumises à de très grands tourments.

4. *Pouvons-nous soulager les âmes qui sont en Purgatoire?*

Oui, nous le pouvons par nos prières, par nos bonnes œuvres, et principalement par le saint Sacrifice de la messe.

NOTRE-DAME DU SUFFRAGE.

5. *Que faut-il faire pour ne pas aller en Purgatoire?*

Il faut éviter les moindres fautes et expier tous ses péchés.

6. *Comment pouvons-nous expier tous nos péchés?*

Par la pénitence, par l'aumône, par les bonnes œuvres et par le moyen des Indulgences.

7. *Qu'entendez-vous par Indulgence?*

On entend par Indulgence la remise, totale

ou partielle, de la peine temporelle due aux péchés déjà pardonnés.

8. *Comment les Indulgences remettent-elles la peine due aux péchés?*

En nous appliquant les mérites de Jésus-Christ, de la sainte Vierge et des Saints.

9. *Quelles sont les conditions nécessaires pour gagner les Indulgences?*

Il faut être en état de grâce et accomplir exactement tout ce qui est prescrit par l'Eglise.

10. *Pour qui peut-on gagner des Indulgences?*

On peut gagner des Indulgences pour soi-même ou pour les âmes du Purgatoire.

11. *Faut-il s'appliquer à gagner les Indulgences?*

Oui, et ce serait une négligence coupable de ne pas profiter de ces faveurs pour nous et pour les âmes du Purgatoire.

Vanité de David, sa punition et sa pénitence. (1er Liv. Paralip., 21.)

Pratique. — Ayez l'intention, dans la prière du matin, de gagner les Indulgences qui peuvent être gagnées pendant la journée.

FIN DE LA PREMIÈRE PARTIE.

DEUXIÈME PARTIE

Du Bien qu'il faut faire. — Du Mal qu'il faut éviter.

VINGT-DEUXIÈME LEÇON.

Des Vertus en général.

1. *Suffit-il de croire pour être sauvé?*
Non, il faut encore pratiquer les vertus chrétiennes, éviter le péché, observer les commandements de Dieu et de l'Eglise.

2. *Quelles sont les vertus chrétiennes?*
Ce sont les vertus théologales et les vertus morales.

3. *Qu'est-ce que les vertus théologales?*
Ce sont celles qui ont Dieu lui-même pour objet direct et immédiat.

4. *Quelles sont les vertus théologales?*
Ce sont la Foi, l'Espérance et la Charité.

5. *Qu'est-ce que les vertus morales?*
Ce sont celles qui ont pour objet direct et

immédiat le bien que nous devons accomplir pour faire notre salut.

6. *Quelles sont les principales vertus morales?*

Ce sont la Prudence, la Justice, la Force et la Tempérance.

La justice du chrétien doit être plus abondante que celle des autres. (Matth., 5.)

Pratique. — Préférez les vertus chrétiennes à tous les biens de la terre et même aux plus beaux dons naturels.

VINGT-TROISIÈME LEÇON.

Des Vertus théologales : la Foi.

1. *Pouvons-nous être sauvés sans les trois vertus théologales?*

Non, elles nous sont absolument nécessaires pour être sauvés.

2. *Suffit-il de croire, d'espérer et d'aimer?*

Non, cela ne suffit pas. Il faut, de plus, produire les actes de ces vertus.

3. *Qu'est ce que la Foi?*

La Foi est une vertu surnaturelle par laquelle nous croyons fermement tout ce que Dieu nous a révélé, parce qu'il ne peut ni se tromper ni nous tromper.

4. *Comment pèche-t-on contre la Foi?*

On pèche contre la Foi : 1° par ignorance coupable; 2° par doute volontaire; 3° par incrédulité; 4° par respect humain.

5. *Qu'est-ce qui nous expose le plus à perdre la foi?*

C'est la négligence à remplir nos devoirs de chrétien, la mauvaise conduite, la fréquentation des personnes qui parlent mal de la religion, la lecture des mauvais livres et des mauvais journaux.

6. *Une personne qui croirait toutes les vérités, excepté une seule, aurait-elle la Foi?*

Non, il faut les croire toutes.

7. *La Foi est-elle bien nécessaire?*

Oui, elle est nécessaire; sans la Foi nous ne pouvons ni plaire à Dieu ni être sauvés.

8. *Faites un acte de Foi.*

Mon Dieu, je crois, etc. (page 7).

9. *La Foi est-elle une grâce bien précieuse?*

Oui, la Foi est une des plus grandes grâces que Dieu fasse à l'homme.

10. *Que devons-nous faire pour reconnaître ce bienfait?*

Nous devons remercier Dieu de nous avoir donné la Foi, et nous intéresser à sa conservation et à sa propagation.

Foi du centenier. (Matt., 8.) — Foi de la Chananéenne. (Matt., 15.)

Pratique. — Ne rougissez jamais de vos croyances religieuses; — 2. Fuyez les conversations impies et la lecture des livres et journaux contraires à la Foi.

VINGT-QUATRIÈME LEÇON.

Des vertus théologales : l'Espérance.

1. *Qu'est-ce que l'Espérance?*

L'Espérance est une vertu surnaturelle par laquelle nous attendons, de la bonté et des promesses de Dieu, la grâce en cette vie et le Paradis dans l'autre.

2. *Sur quoi est fondée notre Espérance?*

Sur la bonté et les promesses de Dieu, et sur les mérites infinis de Notre-Seigneur Jésus-Christ.

3. *Faites un acte d'Espérance.*

Appuyé, mon Dieu, etc... (page 7).

4. *Comment pèche-t-on contre l'Espérance?*

On pèche contre l'Espérance : 1° quand on désespère de son salut; 2° quand on présume trop de la bonté de Dieu ou de ses propres forces.

Espérance d'Abraham (Gen., 12, 15); de Job (Liv. de Job, 16, 19); de Tobie (Liv. de Tobie, 3.) — Saint Pierre présume..., Judas désespère. (Matt., 26, 27.)

Pratique. — Confiez-vous en Dieu dans toutes les peines de la vie.

VINGT-CINQUIÈME LEÇON.

Des vertus théologales : la Charité.

1. *Qu'est-ce que la Charité?*

La Charité est une vertu surnaturelle par laquelle nous aimons Dieu pour lui-même, par-dessus toutes choses, et notre prochain comme nous-mêmes pour l'amour de Dieu.

2. *Qu'est-ce qu'aimer Dieu pour lui-même?*

C'est l'aimer parce qu'il est infiniment parfait.

3. *Qu'est-ce qu'aimer Dieu par-dessus toutes choses?*

C'est l'aimer plus que tous les biens, plus que nos parents et nos amis, plus que nous-mêmes.

4. *Qu'entendez-vous par notre prochain?*

J'entends tous les hommes créés à l'image de Dieu, même nos ennemis.

5. *Comment devons-nous aimer notre prochain?*

Nous devons l'aimer comme nous-mêmes et pour l'amour de Dieu.

6. *Pourquoi devons-nous aimer nos ennemis?*

Parce que Jésus-Christ nous a commandé de les aimer, de prier pour eux et de leur faire du bien.

7. *Faites un acte de Charité.*

Mon Dieu, je vous aime, etc... (page 8).

8. *Quels sont les principaux actes de charité envers notre prochain?*

Ce sont les œuvres de miséricorde spirituelle et corporelle.

Les œuvres de miséricorde spirituelle sont : 1° enseigner les ignorants; 2° corriger les pécheurs; 3° consoler les affligés; 4° donner bon conseil à ceux qui en ont besoin; 5° prier pour les vivants et pour les morts; 6° supporter les défauts des autres; 7° pardonner à nos ennemis et les aimer.

Les œuvres de miséricorde corporelle sont : 1° donner à manger à ceux qui ont faim; 2° donner à boire à ceux qui ont soif; 3° revêtir ceux qui sont nus; 4° racheter les captifs; 5° visiter et soulager les malades et les prisonniers; 6° loger les pauvres et les pèlerins; 7° ensevelir les morts.

Charité d'Abraham (Gen., 18); du Samaritain (Luc, 10); des premiers chrétiens les uns pour les autres (Actes, 2, 4). — Mort, bonnes œuvres et résurrection de Tabithe (Actes, 9). — Amour de David pour ceux qui le persécutent (Ier Liv. des Rois, 24, 26, et 2, 16). — Saint Étienne prie pour ceux qui le lapident (Actes, 7).

Pratique. — Exercez-vous aux bonnes œuvres et au pardon des injures.

VINGT-SIXIÈME LEÇON.

Du péché.

1. *Quel est le plus grand mal qui soit au monde?*

C'est le péché.

2. *Qu'est-ce que le péché?*

Le péché est une désobéissance à la loi de Dieu.

3. *Combien y a-t-il de sortes de péchés?*

Il y a deux sortes de péchés : le péché originel et le péché actuel.

4. *Qu'est-ce que le péché originel?*

Le péché originel est celui dont nous sommes souillés dès le premier instant de notre existence.

5. *Comment l'avons-nous contracté?*

Par la désobéissance de notre premier père Adam.

6. *Quelles sont les suites du péché originel?*

Les suites du péché originel sont : l'ignorance, l'inclination au mal, les misères de la vie et la mort.

7. *Y a-t-il eu quelqu'un qui ait été exempt du péché originel?*

Oui, Notre-Seigneur Jésus-Christ, et la très sainte Vierge, sa Mère.

NOTRE-DAME DE LOURDES.

8. *Comment Notre-Seigneur a-t-il été exempt du péché originel?*

Par nature, parce qu'il est Fils de Dieu.

9. *Comment la sainte Vierge a-t-elle été exempte du péché originel?*

Par grâce et par privilège, parce qu'elle devait être la Mère de Dieu.

10. *Comment appelle-t-on ce privilège?*

On l'appelle l'Immaculée-Conception.

11. *Qu'est-ce que le péché actuel?*

Le péché actuel est celui que nous commettons par notre propre volonté.

12. *Quand est-ce que nous sommes capables de pécher?*

Lorsque nous avons l'usage de la raison.

13. *En combien de manières peut-on pécher ?*

On peut pécher par pensées, par désirs, par paroles, par actions ou par omissions.

14. *Combien y a-t-il de sortes de péchés actuels?*

Il y a deux sortes de péchés actuels : le péché mortel et le péché véniel.

15. *Qu'est-ce que le péché mortel ?*

Le péché mortel est une désobéissance, en matière grave et pleinement volontaire, à la loi de Dieu.

16. *Quels effets produit le péché mortel?*

Le péché mortel donne la mort à l'âme, rend ennemi de Dieu et mérite l'enfer.

17. *Pourquoi dites-vous que le péché mortel donne la mort à l'âme ?*

Parce qu'il lui fait perdre la grâce sanctifiante, qui est la vie surnaturelle de l'âme.

18. *Qu'est-ce que le péché véniel?*

Le péché véniel est une désobéissance, en matière légère ou incomplètement volontaire, à la loi de Dieu.

19. *Quels effets produit le péché véniel?*

Le péché véniel déplaît à Dieu, affaiblit notre âme, mérite le Purgatoire après la mort, et attire souvent durant cette vie de grands châtiments.

Désobéissance d'Adam. (Gen., 3.)
Préceptes de Tobie à son fils sur l'horreur du péché. (Liv. de

Tobie, 4.) Le saint vieillard Éléazar aime mieux perdre la vie que de violer la loi de Dieu. (IIe Liv. des Mach., 6)

Les trois enfants dans la fournaise pour n'avoir pas voulu violer la loi de Dieu. (Dan. 3.).

La femme de Loth punie pour avoir tourné la tête (Gen., 19); Moïse, pour avoir frappé deux fois le rocher. (Nomb., 20).

Pratique. — Évitez le péché et les occasions du péché.

VINGT-SEPTIÈME LEÇON.

Des péchés capitaux.

1. *Qu'appelle-t-on péches capitaux?*

On appelle péchés capitaux ou principaux ceux qui sont la source de beaucoup d'autres.

2. *Quels sont les péchés capitaux?*

Il y en a sept, savoir : l'orgueil, l'avarice, la luxure, l'envie, la gourmandise, la colère et la paresse.

3. *Qu'est-ce que l'orgueil?*

L'orgueil est un amour déréglé de nous-mêmes qui nous porte à nous estimer plus que nous ne sommes et à nous élever au-dessus des autres.

4. *Quelle est la vertu opposée à l'orgueil?*

C'est l'humilité.

5. *Qu'est-ce que l'avarice?*

L'avarice est un attachement déréglé aux biens temporels.

6. *Quelle est la vertu opposée à l'avarice?*
C'est la générosité sagement réglée.

7. *Qu'est-ce que la luxure?*
La luxure est une affection déréglée pour les plaisirs sensuels et déshonnêtes.

L'ENFANT PRODIGUE.

8. *Quelle est la vertu opposée à la luxure?*
C'est la chasteté.

9. *Qu'est-ce que l'envie?*
L'envie est une tristesse volontaire du bonheur des autres ou une joie coupable du mal qui leur arrive.

10. *Quelle est la vertu opposée à l'envie?*
C'est la bienveillance envers le prochain.

11. *Qu'est-ce que la gourmandise?*
La gourmandise est un amour déréglé du boire et du manger.

12. *Quelle est la vertu opposée à la gourmandise ?*

C'est la tempérance.

13. *Qu'est-ce que la colère ?*

La colère est un mouvement déréglé de notre âme qui nous porte à nous venger ou à rejeter avec violence ce qui nous déplaît.

14. *Quelle est la vertu opposée à la colère ?*

C'est la douceur.

15. *Qu'est-ce que la paresse ?*

La paresse est un amour déréglé du repos qui nous fait omettre notre devoir plutôt que de nous faire violence.

16. *Quelle est la vertu opposée à la paresse ?*

C'est l'application à nos devoirs, principalement dans l'affaire du salut.

Orgueil d'Aman puni (Esth., 7); de Nabuchodonosor (Dan., 4); de Balthasar (Dan., 5); d'Antiochus (IIe liv. des Mach., 9); d'Hérode Agrippa (Actes, 12). — Humilité de la sainte Vierge (Luc, 1); de saint Jean-Baptiste (Jean, 1); de Jésus-Christ (dans tout l'Évangile).

Avarice d'Achan (Josué, 7); de Nabal (1er Liv. des Rois, 15); du traître Judas (Matt., 26).

Envie de Caïn (Gen., 4 et suiv.); des frères de Joseph (Gen., 37); de Saül contre David (Ier Liv. des Rois, 18 et suiv.).

Gourmandise des Israélites. (Nombres, 11.)

Effet de la colère d'Esaü contre Jacob (Gen., 17); de Saül contre Achimélech (Ier Liv. des Rois, 22).

Pratique. — Faites souvent les actes des vertus qui sont contraires aux péchés capitaux.

VINGT-HUITIÈME LEÇON.

Des Commandements de Dieu.

DU PREMIER COMMANDEMENT DE DIEU.

1. *Combien y a-t il de Commandements de Dieu?*

Il y a dix Commandements de Dieu.

2. *Récitez-les.*

1. Un seul Dieu tu adoreras
Et aimeras parfaitement.
2. Dieu en vain tu ne jureras,
Ni autre chose pareillement.
3. Les dimanches tu garderas,
En servant Dieu dévotement.
4. Tes père et mère honoreras,
Afin de vivre longuement.
5. Homicide point ne seras,
De fait ni volontairement.
6. Luxurieux point ne seras,
De corps ni de consentement.
7. Le bien d'autrui tu ne prendras,
Ni retiendras à ton escient.
8. Faux témoignage ne diras,
Ni mentiras aucunement.
9. L'œuvre de chair ne désireras,
Qu'en mariage seulement.
10. Biens d'autrui ne convoiteras
Pour les avoir injustement.

3. *Comment connaissons-nous les commandements de Dieu ?*

Nous connaissons les commandements de Dieu : 1° par le témoignage de la conscience; 2° par la révélation que Dieu en fit à nos premiers parents; 3° par leur promulgation sur le mont Sinaï; 4° par l'enseignement de Jésus-Christ.

4. *Est-il nécessaire de garder tous les commandements ?*

Oui, et si on manque à un seul gravement, on mérite l'enfer.

5. *Quelles sont les vertus qui nous sont ordonnées par le premier commandement ?*

Ce sont les trois vertus théologales : Foi, Espérance, Charité, et la vertu de Religion.

6. *Qu'est-ce que la vertu de Religion?*

La vertu de Religion est une vertu morale qui porte l'homme à rendre à Dieu le culte qui lui est dû.

7. *Quel culte devons-nous à Dieu?*

Nous devons principalement l'adorer, le remercier, le prier et lui demander pardon de nos péchés.

8. *Suffit-il de pratiquer intérieurement ces devoirs vis-à-vis de Dieu?*

Non, il faut aussi les manifester au dehors, et c'est le culte extérieur.

9. *La société elle-même doit-elle un culte à Dieu ?*

Oui, et c'est ce qu'on appelle le culte public.

10. *Qu'est-ce qu'adorer Dieu?*

C'est lui rendre l'honneur souverain, comme au Créateur du monde, et vouloir dépendre en tout de lui.

11. *Faites un acte d'Adoration.*

Mon Dieu, je vous adore, etc... (page 16).

Dieu promulgue les Commandements sur le mont Sinaï (Exod., 19, 20).

Martyre des sept frères Machabées. (IIe Liv. des Mach., 7.)

Les enfants dans la fournaise. (Dan., 3.)

Pratique. — Formulez souvent l'acte d'Adoration, non seulement à l'église, mais au foyer et pendant votre travail.

VINGT-NEUVIÈME LEÇON.

Des Commandements de Dieu (*suite*).

DU PREMIER COMMANDEMENT DE DIEU (*fin*).

1. *Quels sont les péchés contraires à la vertu de Religion?*

Ce sont l'idolâtrie, le sacrilège et la superstition.

2. *Comment pèche-t-on par idolâtrie?*

En rendant à quelque créature l'adoration qui n'est due qu'à Dieu.

3. *Comment pèche-t-on par sacrilège?*

En profanant ou en méprisant ce qui est consacré à Dieu.

4. *Comment pèche-t-on par superstition?*

En attribuant à certaines paroles ou à certaines pratiques des effets qu'elles n'ont, ni par leur nature, ni par la volonté de Dieu, ni par l'institution de l'Eglise.

5. *Est-ce un péché de consulter les devins, les sorciers et autres gens semblables?*

Oui, c'est un péché, et d'ailleurs ils ne méritent aucune confiance.

6. *Peut-on adorer les Saints?*

Non, on ne peut adorer que Dieu seul; mais on honore les Saints comme les amis de Dieu et comme des modèles qui nous sont proposés.

7. *Est-il bon de les invoquer?*

Oui, parce qu'ils intercèdent pour nous auprès de Dieu.

8. *Quel culte devons-nous à la sainte Vierge?*

Nous devons l'honorer d'un culte particulier, qui lui est dû comme Mère de Dieu.

9. *N'adore-t-on pas la Croix du Sauveur?*

Oui, mais d'une adoration qui se rapporte à Jésus-Christ lui-même.

10. *Comment honore-t-on les reliques des Saints et leurs images?*

D'un culte d'honneur qui se rapporte aux Saints eux-mêmes.

11. *Qu'appelle-t-on reliques?*

On appelle reliques, les ossements des Saints ou les objets qui leur ont appartenu.

12. *Y a-t-il d'autres choses saintes que nous devons respecter?*

Oui, les églises, les cimetières, les ornements, les vases sacrés, l'eau bénite, le pain bénit et tout ce qui se rapporte au culte.

Un mort ressuscité par l'attouchement des os d'Élisée. (IVe Liv. des Rois, 13.) — Les linges qui ont touché saint Paul guérissent les malades. (Act. 19.)

Pratique. — 1. Ayez un grand respect pour tout ce qui est consacré à Dieu : les prêtres, les religieux, etc.; — 2. Ne recourez jamais aux devins ni aux sorciers.

TRENTIÈME LEÇON.

Des Commandements de Dieu (*suite*).

DU DEUXIÈME COMMANDEMENT DE DIEU.

1. *Qu'est-ce que Dieu nous défend par le second commandement : « Dieu en vain tu ne jureras, ni autre chose pareillement »?*

Par le second commandement, Dieu défend : 1° de jurer faussement ou sans nécessité; 2° de blasphémer; 3° de faire des malédictions; 4° de ne pas accomplir les vœux qu'on a faits.

2. *Qu'est-ce que jurer?*

C'est prendre Dieu à témoin de la vérité de ce que l'on dit ou de ce que l'on promet.

3. *Est-il quelquefois permis de jurer?*

Oui, c'est même un acte de religion quand on jure pour la vérité, pour une cause juste, et qu'il y a des motifs légitimes de le faire.

4. *Est-ce un grand mal de jurer contre la vérité connue?*

Oui, c'est ce qu'on appelle un parjure.

5. *Qu'est-ce que le blasphème ?*

Le blasphème est une parole injurieuse à Dieu, aux Saints ou à la religion.

6. *Le blasphème est-il un grand péché ?*

Oui, le blasphème est un grand péché, parce qu'il s'attaque directement à la majesté de Dieu.

7. *Qu'est-ce que profaner le saint nom de Dieu ?*

C'est proférer ce nom à tout propos, sans aucun respect, comme si c'était un nom indifférent ou vulgaire.

8. *Qui sont ceux qui pèchent en faisant des malédictions?*

Ce sont ceux qui se souhaitent ou qui souhaitent aux autres quelque mal ou maudissent quelque créature.

9. *Qu'est-ce qu'un vœu?*

Le vœu est une promesse faite à Dieu d'une bonne œuvre, avec l'intention de s'obliger sous peine de péché.

10. *Pèche-t-on lorsqu'on n'accomplit pas les vœux qu'on a faits?*

Oui, et c'est pour cela qu'il ne faut pas en faire légèrement et sans prendre conseil.

Saint Jean-Baptiste mis à mort à cause du serment téméraire d'Hérode. (Marc, 6.) — Bénadad, roi de Syrie, et Sennachérib, roi d'Assyrie, punis de leurs blasphèmes. (IIIe Liv. des Rois, 20, et IVe Liv., 19.) — Saint Paul livre Hyménée et Alexandre à Satan, parce qu'ils avaient blasphémé. (1re Ép. à Tim., 1.)

Pratique. — 1. Ne prononcez le nom de Dieu qu'avec respect ; — 2. Ayez horreur des blasphèmes et des malédictions.

TRENTE ET UNIÈME LEÇON.

Des Commandements de Dieu (*suite*).

DU TROISIÈME COMMANDEMENT DE DIEU.

1. *Qu'est-ce que Dieu nous ordonne par le troisième commandement : « Les dimanches tu garderas en servant Dieu dévotement »?*

Dieu nous ordonne de sanctifier le dimanche, qui est le jour du Seigneur.

ASSISTANCE A LA SAINTE MESSE.

2. *Que faut-il pour sanctifier le dimanche?*

Pour sanctifier le dimanche, il faut, au

moins, entendre la sainte Messe, avec attention et piété.

3. *Par quelles autres œuvres peut-on sanctifier le dimanche?*

En assistant aux offices, aux instructions, et en s'occupant d'œuvres de piété ou de charité.

4. *Qu'est-ce qui nous est défendu par le troisième commandement?*

Il nous est défendu de faire aucune œuvre servile.

5. *Qu'entendez-vous par œuvres serviles?*

J'entends des travaux où le corps a plus de part que l'esprit.

6. *N'est-il jamais permis de travailler le dimanche?*

Non, à moins qu'il y ait nécessité ou grande utilité, et encore ne faut-il pas manquer la messe, hors le cas d'impossibilité absolue.

Les Juifs se laissent égorger pour ne pas violer le sabbat, (1er Liv. Mach., 2.)

Un homme lapidé pour avoir violé le sabbat. (Nombres, 15.)

La manne ne tombait point en ce jour. (Josué, 5.)

Pratique. — Évitez les ventes, les achats et les voyages inutiles le dimanche; — 2. Assistez aux vêpres et évitez les divertissements dangereux.

TRENTE-DEUXIÈME LEÇON.

Des Commandements de Dieu (*suite*).

DU QUATRIÈME COMMANDEMENT DE DIEU.

1. *Qu'est-ce que Dieu nous ordonne par le quatrième commandement : « Tes père et mère honoreras afin de vivre longuement »?*

Dieu nous ordonne d'aimer nos pères et mères, de les respecter, de leur obéir selon Dieu, de les assister dans leurs besoins.

2. *Comment les enfants peuvent-ils manquer à l'assistance qu'ils doivent à leurs pères et mères?*

En les abandonnant dans leur pauvreté, dans leurs maladies, dans leur vieillesse, en négligeant de leur procurer les secours religieux à leurs derniers moments, de prier et de faire prier pour eux après leur mort.

3. *Faut-il accomplir la volonté des parents après qu'ils sont morts?*

Oui, les héritiers doivent accomplir sans retard toutes leurs dispositions.

4. *A quoi s'exposent ceux qui n'accomplissent pas ce commandement?*

A attirer sur eux et sur leur famille la malédiction de Dieu.

5. *Ce commandement oblige-t-il à honorer d'autres personnes?*

Oui, par exemple : les aïeux, les parrains et marraines, et, en général, les autres parents.

6. *Qui devons-nous honorer encore?*

Tous nos supérieurs, comme sont, dans l'Eglise, le Pape, les Évêques et tous les pasteurs, et, dans l'Etat, le Souverain et tous les magistrats.

7. *A quoi sont obligés les parents à l'égard de leurs enfants?*

Ils doivent les nourrir, les instruire, les élever dans la crainte de Dieu, leur donner le bon exemple, les corriger et pourvoir à leur établissement.

8. *Y a-t-il obligation pour les parents de faire élever chrétiennement leurs enfants?*

Oui, et c'est pour cela qu'ils doivent choisir pour eux des maîtres chrétiens.

9. *Les parents peuvent-ils faire élever leurs enfants dans une école où se donne un enseignement contraire à la religion?*

Non, ils ne le peuvent pas sans pécher gravement, car ils exposeraient leurs enfants au plus grand de tous les malheurs, celui de perdre la foi.

10. *Quels sont les devoirs des inférieurs vis-à-vis de leurs supérieurs?*

Ils doivent : 1° les respecter; 2° leur obéir dans les choses qui ne sont pas contraires à la loi de Dieu; 3° s'ils sont ouvriers, faire consciencieusement le travail convenu.

11. *Quels sont les devoirs des supérieurs vis-à-vis de leurs inférieurs?*

Ils doivent : 1° les traiter avec charité; 2° leur payer en temps convenu le juste salaire;

3° écarter d'eux les occasions de pécher; 4° leur faciliter l'accomplissement de leurs devoirs religieux.

12. *Quels sont les devoirs du citoyen?*

Ils sont au nombre de quatre : tout citoyen doit aimer son pays, en observer les lois, à moins qu'elles soient injustes, payer l'impôt, et bien voter.

13. *Qu'est-ce qu'aimer son pays?*

C'est se dévouer à sa défense et à sa gloire.

14. *Qu'est-ce que bien voter?*

C'est choisir des représentants honnêtes et résolus à défendre les intérêts de la religion, de la famille et de la société.

15. *L'électeur est-il responsable du mal commis par ses élus?*

Oui, l'électeur est responsable du mal commis par ses élus, et Dieu lui demandera un compte plus sévère de ses votes que de ses actes privés.

16. *Pourquoi cela?*

Parce que le vote est un acte public qui engage non seulement l'intérêt de l'individu, mais encore celui de la société tout entière.

Le grand prêtre Héli puni de sa trop grande indulgence pour ses enfants. (Ier Liv. des Rois, 2, 4.) — Révolte d'Absalon et sa mort. (IIe Liv. des Rois, 15, 18.) — Enfants dévorés par des ours pour avoir insulté Élisée. (IVe Liv. des Rois, 2.)

Pratique. — 1. Voyez Dieu dans la personne des parents et des supérieurs; — 2. Soyez fidèles à la vie de famille et à l'esprit de famille.

TRENTE-TROISIÈME LEÇON.

Des Commandements de Dieu (*suite*).

DU CINQUIÈME COMMANDEMENT DE DIEU.

1. *Qu'est-ce que Dieu défend par le cinquième commandement : « Homicide point ne seras de fait ni volontairement »?*

Dieu défend de donner injustement la mort au prochain et de se la donner à soi-même.

2. *Comment pèche-t-on contre ce commandement?*

En portant atteinte à la vie du corps, à la vie de l'âme et à la réputation.

3. *Comment porte-t-on atteinte à la vie du corps?*

Par l'homicide et le suicide.

4. *L'homicide est-il jamais permis?*

L'homicide n'est permis que pour défendre la société, pour défendre son pays et pour se défendre soi-même.

5. *Est-il permis de se battre en duel?*

Non, car c'est un péché de s'exposer à perdre la vie ou à l'ôter à son prochain.

6. *Comment porte-t-on atteinte à la vie spirituelle, qui est l'état de grâce?*

Par le scandale, c'est-à-dire par les mauvaises paroles ou les mauvais exemples qui excitent au péché.

7. *Comment porte-t-on atteinte à la réputation du prochain?*

Par la calomnie et la médisance.

8. *Comment pèche-t-on par calomnie?*

En accusant le prochain d'un mal qu'il n'a pas commis ou en exagérant celui dont il est coupable.

9. *Comment pèche-t-on par médisance?*

En faisant connaître sans nécessité les fautes ou les défauts du prochain.

10. *A quoi sont obligés ceux qui ont médit ou calomnié?*

Ils sont obligés de réparer la réputation du prochain, même en se rétractant, si cela est nécessaire.

11. *Est-il permis d'écouter la médisance et d'y prendre plaisir?*

Non, car c'est participer au péché de celui qui médit.

12. *Quand on a quelque inimitié avec le prochain, que faut-il faire?*

Il faut déposer tout sentiment de haine et se réconcilier le plus tôt possible.

Punition de Caïn. (Gen., 4.) — David fit mourir l'Amalécite pour avoir tué Saül. (IIe Liv. des Rois, 1.) — Punition de Joab homicide. (IIIe Liv. des Rois, 2.) — Doctrine de Jésus-Christ sur le scandale. (Matt., 18.)

Pratique. — 1. Évitez les querelles et les disputes; — 2. Donnez toujours le bon exemple.

TRENTE-QUATRIÈME LEÇON.

Des Commandements de Dieu (*suite*).

DES SIXIÈME ET NEUVIÈME COMMANDEMENTS DE DIEU.

1. *Qu'est-ce que Dieu nous défend par le sixième et le neuvième commandement?*

Dieu nous défend tout péché contraire à la vertu de pureté.

2. *Comment se rend-on coupable contre la vertu de pureté ?*

On se rend coupable contre cette vertu par pensées, par désirs, par paroles et par actions.

3. *Quelles sont les causes les plus ordinaires de l'impureté?*

Les causes les plus ordinaires de l'impureté sont : l'orgueil, l'oisiveté, l'intempérance, les mauvaises lectures, les spectacles dangereux, les danses et les mauvaises compagnies.

4. *Quels funestes effets l'impureté cause-t-elle le plus ordinairement dans l'âme?*

L'impureté cause l'aveuglement de l'esprit, l'endurcissement du cœur, l'oubli de Dieu et du salut, et souvent l'impénitence finale.

5. *Quelles précautions doit prendre un chrétien pour se préserver de ce malheureux vice?*

Un chrétien doit surtout en fuir les occasions, recourir à la prière, pratiquer la sobriété et la modestie.

6. *En quoi consiste cette modestie ?*

Elle consiste à éviter les mauvais regards, les paroles déshonnêtes, et à se tenir vêtu avec décence.

Sodome, etc. (Gen., 19), Joseph (Gen., 39), Suzanne (Dan., 13.)

Pratique. — 1. Évitez les occasions du péché; — 2. Dans les tentations, rappelez-vous la présence de Dieu, invoquez la sainte Vierge et votre Ange gardien.

TRENTE-CINQUIÈME LEÇON.

Des Commandements de Dieu (*suite*).

DES SEPTIÈME ET DIXIÈME COMMANDEMENTS DE DIEU.

1. *Qu'est-ce que Dieu nous défend par le septième et le dixième commandement?*

Par le septième commandement, Dieu nous défend de faire tort au prochain dans ses biens; par le dixième, il nous défend d'en avoir même le désir.

2. *En combien de manières peut-on faire tort au prochain dans ses biens?*

On peut faire tort au prochain dans ses biens : 1° en les lui prenant; 2° en les retenant injustement; 3° en lui causant quelque dommage.

3. *De combien de manières peut-on prendre injustement le bien d'autrui?*

De trois manières principales : par le vol, par la fraude et par l'usure.

4. *Quels sont ceux qui gardent injustement le bien d'autrui?*

Ce sont : 1° ceux qui ne rendent pas le bien du prochain; 2° ceux qui ne paient pas leurs dettes; 3° ceux qui s'approprient un dépôt ou des objets trouvés.

5. *Est-il jamais permis de prendre le bien d'autrui?*

Non ; la propriété est un droit sacré que Dieu nous ordonne de respecter.

6. *A quoi sont obligés ceux qui ont pris le bien d'autrui ou qui lui ont causé injustement quelque dommage?*

Ils sont obligés à restituer le bien qu'ils ont pris ou à réparer le dommage qu'ils ont causé.

Punition des voleurs. (Exode, 21) Larcin d'Achab. (Josué, 7.)

Pratique. — Je respecterai le bien d'autrui comme je veux qu'on respecte le mien.

TRENTE-SIXIÈME LEÇON.

Des Commandements de Dieu (*suite*).

DU HUITIÈME COMMANDEMENT DE DIEU.

1. *Qu'est-ce que Dieu nous défend par le huitième commandement : « Faux témoignage ne diras ni mentiras aucunement »?*

Dieu nous défend de déposer en justice contre la vérité et de dire des mensonges.

2. *Le faux témoignage est-il un grand péché?*

Oui, c'est toujours un péché mortel.

3. *Qu'est-ce que mentir?*

Mentir, c'est parler contre la vérité que l'on connaît, avec dessein de tromper.

4. *Est-il jamais permis de mentir?*

Non, il n'est jamais permis de mentir, pour quelque raison que ce soit.

5. *Combien y a-t-il d'espèces de mensonges?*

Il y en a trois : le mensonge pernicieux, le mensonge officieux et le mensonge joyeux.

6. *Qu'est-ce que Dieu nous défend encore par le huitième commandement?*

Dieu nous défend aussi les jugements et les soupçons téméraires.

Ananie et Saphire. (Actes, 5.) — Châtiment des vieillards qui avaient porté un faux témoignage contre Suzanne. (Dan., 13.)

Pratique. — Ne mentez jamais, même pour vous excuser.

TRENTE-SEPTIÈME LEÇON.

Des Commandements de l'Église.

1. *Combien y a-t-il de Commandements de l'Eglise?*

Il y a six principaux Commandements de l'Eglise.

2. *Récitez-les.*

1. Les dimanches messe entendras,
Et les fêtes pareillement.
2. Les fêtes tu sanctifieras,
Qui te sont de commandement.
3. Tous tes péchés confesseras,
A tout le moins une fois l'an.
4. Ton Créateur tu recevras,
Au moins à Pâques humblement.
5. Quatre-Temps, Vigiles, jeûneras,
Et le Carême entièrement.
6. Vendredi, chair ne mangeras,
Ni le samedi mêmement.

« QUI VOUS ÉCOUTE, M'ÉCOUTE. »

3. *L'Eglise a-t-elle le pouvoir de faire des commandements?*

Oui, Jésus-Christ lui a donné ce pouvoir et il ordonne de lui obéir.

4. *Est-il nécessaire d'observer tous les commandements de l'Eglise?*

Oui, il est nécessaire de les garder tous, sous peine de péché.

5. *L'Eglise peut-elle, dans certains cas, accorder la dispense de certains commandements?*

Oui, l'Eglise, qui a reçu de Jésus-Christ le pouvoir de faire des commandements, a reçu aussi le pouvoir d'en dispenser.

6. *Qu'est-ce que l'Eglise nous ordonne par le premier et le deuxième commandements : « Les dimanches messe entendras, et les fêtes pareillement; les fêtes tu sanctifieras, qui te sont de commandement » ?*

L'Eglise nous ordonne d'entendre la messe les dimanches et les jours de fêtes d'obligation, et d'y assister avec attention et piété.

7. *Combien y a-t-il, en France, de fêtes d'obligation en dehors des dimanches?*

Il y en a quatre . la Noël, l'Ascension, l'Assomption et la Toussaint.

8. *Est-ce un grand péché de manquer par sa faute la messe, les dimanches et fêtes d'obligation?*

Oui, c'est un péché grave, car c'est violer l'un des principaux devoirs de la vie chrétienne et causer souvent un scandale.

9. *Suffit-il d'entendre la messe pour sanctifier le dimanche et les fêtes?*

Non, il est bon d'assister aux autres offices,

ou, si on ne le peut, d'y suppléer par la prière, les lectures ou œuvres pieuses.

10. *Pourquoi doit-on de préférence assister à la messe de paroisse?*

Parce que c'est à cette messe que les Pasteurs prient plus spécialement pour leurs fidèles, publient les ordonnances de l'Eglise, annoncent les fêtes, les jeûnes et tout ce qu'il importe aux fidèles de savoir pour régler leur conduite.

Autorité de l'Église. (Matt., 18.) — Mission des Apôtres. (Matt., 10; Luc, 10.) — Concile de Jérusalem. (Actes, 13.)

Pratique. — Ne manquez jamais la messe du dimanche; entendez-la tous les jours, si vous le pouvez, ou au moins les jours de fêtes de dévotion.

TRENTE-HUITIÈME LEÇON.

Des Commandements de l'Église (*suite*).

1. *Qu'est-ce que l'Eglise ordonne par le troisième commandement : « Tous tes péchés confesseras à tout le moins une fois l'an »?*

L'Eglise ordonne par ce commandement de se confesser tous les ans, au moins une fois.

2. *Pourquoi dites-vous : au moins une fois l'an?*

Parce qu'une confession plus fréquente est très utile pour éviter les péchés graves, se conserver dans la grâce et y faire des progrès.

3. *A quel âge est-on tenu au précepte de la confession ?*

On est tenu au précepte de la confession vers l'âge de sept ans.

LA CONFESSION.

4. *Qu'est-ce que l'Eglise ordonne par le quatrième commandement : « Ton Créateur tu recevras au moins à Pâques humblement » ?*

L'Eglise ordonne à tous les fidèles, même aux enfants, dès qu'ils ont atteint l'âge de raison, de communier au moins une fois chaque année, dans le temps pascal.

5. *Où faut-il faire la communion pascale ?*

Autant qu'il le peut, chacun doit la faire

dans sa paroisse, ou avoir une permission pour la faire dans une autre église.

6. *Suffit-il de communier à Pâques?*

Il suffit de communier à Pâques pour remplir le précepte; mais le désir de Jésus-Christ et de l'Église est que l'on communie bien plus souvent, même tous les jours, si on le peut.

7. *Pourquoi faut-il communier plus souvent?*

Parce que l'Eucharistie est la nourriture de l'âme et qu'elle lui est nécessaire comme le pain au corps.

8. *Comment Jésus-Christ a-t-il exprimé cette nécessité?*

Lorsqu'il a dit à ses disciples : « Si vous ne mangez la chair du Fils de l'Homme, vous n'aurez pas la vie en vous. »

9. *Qu'est-ce que l'Eglise ordonne par le cinquième commandement : « Quatre-Temps, Vigiles, jeûneras, et le Carême entièrement »?*

L'Eglise ordonne de jeûner le Carême, les Quatre-Temps, et les veilles ou Vigiles de certaines fêtes.

10. *A quel âge est-on obligé de jeûner?*

A l'âge de vingt et un ans accomplis, si on n'a pas d'empêchement ou de dispense légitime.

11. *Quelles sont les causes qui dispensent du jeûne?*

Ce sont la vieillesse, les infirmités, les maladies et un travail rude et fatigant.

12. *Qu'est-ce que l'Eglise nous défend par le sixième commandement : « Vendredi, chair ne mangeras, ni le samedi mêmement »?*

L'Eglise nous défend de manger de la viande le vendredi ou le samedi, sans nécessité ou sans permission.

13. *A quel âge est-on obligé de garder ce précepte?*

A l'âge de sept ans.

Zèle de Néhémie pour la sanctification des fêtes. (IIe Liv. d'Esd., 7, 13).

Éléazar. (IIe Liv. Machab., 6.)

Jeûne de Moïse (Exode, 24) ; d'Élie (IIIe Liv. des Rois, 14).

Jeûne de Jésus-Christ et tentation. (Matt., 4.)

Pratique. — 1. Confessez-vous et communiez souvent; — 2. Observez sans respect humain le jeûne et l'abstinence.

FIN DE LA DEUXIÈME PARTIE.

TROISIÈME PARTIE

De la Grâce. — De la Prière. Des Sacrements.

TRENTE-NEUVIÈME LEÇON.

De la Grâce.

1. *Qu'est-ce que la grâce?*

La grâce est un don surnaturel que Dieu nous accorde, par sa pure bonté, en vertu des mérites de Jésus-Christ, pour faire notre salut.

2. *Combien y a-t-il de sortes de grâces?*

Il y a deux sortes de grâces : la grâce habituelle ou sanctifiante, et la grâce actuelle.

3. *Qu'est-ce que la grâce habituelle ou sanctifiante?*

C'est celle qui demeure dans notre âme et qui nous rend saints et amis de Dieu, tant qu'elle est en nous.

4. *Comment se perd la grâce sanctifiante?*
Elle se perd par le péché mortel.

5. *Qu'est-ce que la grâce actuelle?*
C'est un secours intérieur ou extérieur du moment par lequel Dieu nous éclaire, nous excite et nous aide à faire le bien et à éviter le mal.

6. *Pouvons-nous faire quelque chose qui mérite le ciel sans le secours de la grâce?*
Non, sans la grâce nous ne pouvons rien faire qui mérite le ciel; mais Dieu nous la donne toutes les fois que nous la demandons.

7. *Quels sont les moyens d'obtenir la grâce?*
On obtient la grâce par la Prière, les Sacrements et les Bonnes Œuvres.

Péché de saint Pierre, suite de sa présomption. (Jean, 18.) — Histoire de la Samaritaine. (Jean, 4.)

Pratique. — 1. Estimez la grâce plus que tous les trésors du monde; — 2. Suivez docilement les inspirations de la grâce.

QUARANTIÈME LEÇON.

De la Prière.

1. *Qu'est-ce que la prière?*
La prière est une élévation de notre âme à Dieu, pour lui rendre nos devoirs et pour lui demander les secours qui nous sont nécessaires.

2. *Combien y a-t-il de sortes de prières?*
Il y en a deux sortes : les prières publiques et celles que chacun fait en son particulier.

3. *Est-il nécessaire de prier Dieu ?*

Oui, c'est un de nos devoirs les plus essentiels.

4. *Pourquoi est-ce un devoir si essentiel?*

Parce que l'homme doit cet hommage à son Créateur, et parce que nous avons besoin du secours de Dieu que la prière peut nous obtenir.

5. *La prière en commun n'est-elle pas plus utile?*

Oui, la prière en commun, et particulièrement la prière en famille, est très agréable à Dieu.

6. *Comment faut-il prier?*

Il faut prier avec attention, humilité, confiance et persévérance.

7. *Que faut-il encore pour bien prier?*

Il faut prier au nom de Jésus-Christ, par qui seul nous pouvons mériter d'être exaucés.

8. *Quand nos prières ont toutes ces conditions, Dieu les exauce-t-il toujours?*

Oui, toujours, en la manière, du moins, qu'il juge la plus utile à notre salut.

9. *Que doit-on demander dans ses prières?*

Les choses qui ont rapport à la gloire de Dieu, à notre salut, ou à celui du prochain.

10. *Pouvons-nous demander aussi les biens temporels, comme la vie, la santé, etc.?*

Oui, pourvu que nous les demandions pour une bonne fin, et avec soumission à la volonté de Dieu.

11. *Quand convient-il plus particulièrement de prier?*

Le matin en se levant, le soir en se couchant,

avant et après les repas, au commencement et à la fin des principales actions, et surtout dans les peines et les tentations.

Prière de Moïse pendant le combat des Amalécites. (Exode, 17.) — Prière des trois enfants dans la fournaise, de Daniel dans la fosse aux lions (Dan., 3, 6) ; de Jésus-Christ dans le jardin des Olives et sur la croix (Matt., 26 ; Luc, 22, 23).

Pratique. — 1. Faites exactement votre prière du matin et du soir ; — 2. Habituez-vous à réciter lentement vos prières.

QUARANTE ET UNIÈME LEÇON.

De l'Oraison dominicale.

1. *Quelle est la plus excellente prière?*

La plus excellente prière est l'Oraison dominicale, qu'on appelle ainsi parce que Notre-Seigneur lui-même l'a enseignée.

2. *Récitez l'Oraison dominicale en latin et en français.*

Pater noster, qui es in cœlis, sanctificetur nomen tuum; adveniat regnum tuum ; fiat voluntas tua, sicut in cœlo et in terra ; panem nostrum quotidianum da nobis hodie ; et dimitte nobis debita nostra, sicut et nos dimittimus debitoribus nostris ; et ne nos inducas in tentationem ; sed libera nos a malo. Amen.

Notre Père, qui êtes aux cieux, que votre nom soit sanctifié ; que votre règne arrive ; que votre volonté soit faite sur la terre comme au ciel; donnez-nous aujourd'hui notre pain de chaque jour; et pardonnez-nous nos offenses, comme nous les pardonnons à ceux qui nous ont offensés; et ne nous laissez pas succomber à la tentation, mais délivrez-nous du mal. Ainsi soit-il.

3. *Pourquoi appelons-nous Dieu notre Père?*

Parce que nous sommes ses enfants, et que nous devons avoir en lui la confiance d'un fils pour son père.

4. *Pourquoi disons-nous : « Notre Père » plutôt que : « Mon Père »?*

C'est pour reconnaître que tous les chrétiens sont frères, puisqu'ils ont tous le même père.

5. *Pourquoi disons-nous : « qui êtes dans les cieux », puisque Dieu est partout?*

C'est parce que nous regardons le Ciel comme le lieu où Dieu se manifeste et où nous espérons le contempler un jour.

6. *Que demandons-nous par ces paroles : « que votre nom soit sanctifié »?*

Nous demandons que Dieu soit connu et aimé de tous les hommes.

7. *Que demandons-nous par ces paroles : « que votre règne arrive »?*

Nous demandons que Dieu règne dans tous les cœurs, particulièrement dans le nôtre, par sa grâce, et qu'il nous fasse régner avec lui dans sa gloire.

8. *Que demandons-nous par ces paroles : « que votre volonté soit faite sur la terre comme au ciel »?*

Nous demandons que les hommes obéissent

à Dieu, sur la terre, avec autant d'amour et de fidélité que les anges dans le ciel.

9. *Que demandons-nous par ces paroles : « donnez-nous aujourd'hui notre pain de chaque jour » ?*

Nous demandons à Dieu de nous accorder chaque jour tout ce qui nous est nécessaire pour la nourriture de l'âme et du corps.

10. *Que demandons-nous par ces paroles : « et pardonnez-nous nos offenses, comme nous pardonnons à ceux qui nous ont offensés » ?*

Nous prions Dieu de nous pardonner nos péchés, comme nous pardonnons à notre prochain les torts qu'il peut avoir envers nous.

11. *Que demandons-nous à Dieu par ces paroles : « et ne nous laissez pas succomber à la tentation » ?*

Nous demandons à Dieu de nous préserver des tentations, ou de nous faire la grâce de les surmonter.

12. *Que demandons-nous à Dieu par ces paroles : « mais délivrez-nous du mal » ?*

Nous demandons d'être préservés de tous les maux de l'âme et du corps.

Les disciples demandent à Jésus-Christ de leur apprendre à prier, et il leur enseigne le *Pater*. (Matt., 6 ; Luc, 11.)

Pratique. — Faites du *Pater* votre prière habituelle, et récitez-le toujours avec attention et piété.

QUARANTE-DEUXIÈME LEÇON.

De la Salutation angélique.

1. *Par quelle prière l'Église invoque-t-elle le plus souvent la sainte Vierge?*

C'est par la Salutation angélique, ou l'« Ave Maria ».

2. *De quoi est composée cette prière?*

Cette prière est composée des paroles de l'ange Gabriel, de celles de sainte Elisabeth et de celles de l'Eglise.

3. *Quelles sont les paroles de l'Ange?*

Ce sont celles qu'il dit à la sainte Vierge, en lui annonçant l'Incarnation du Fils de Dieu dans son sein : « Je vous salue, pleine de grâce, le Seigneur est avec vous. »

4. *Que signifient ces paroles?*

Elles signifient que le Saint-Esprit habite en la sainte Vierge et qu'il l'a remplie de ses grâces.

5. *Quelles sont les paroles de sainte Élisabeth?*

Les paroles de sainte Élisabeth sont celles qu'elle dit à la sainte Vierge, qui venait l'honorer de sa visite : « Vous êtes bénie par-dessus toutes les femmes, et le fruit de vos entrailles est béni. »

6. *Quelles sont les paroles de l'Église?*

Les paroles de l'Eglise sont celles-ci : « Sainte Marie, Mère de Dieu, priez pour nous, pauvres pécheurs, maintenant et à l'heure de notre mort. Ainsi soit-il. »

7. *Quels sentiments les chrétiens doivent-ils avoir envers la sainte Vierge?*

Les chrétiens doivent avoir envers la sainte Vierge les sentiments d'une sincère et tendre dévotion et d'une filiale confiance.

8. *Pourquoi cela?*

Parce que, étant Mère de Dieu et mère des hommes, la sainte Vierge peut et veut à la fois nous obtenir toutes sortes de grâces.

9. *Quelles sont les pratiques les plus ordinaires de dévotion envers la sainte Vierge?*

Les pratiques les plus ordinaires sont : de réciter le Rosaire ou le Chapelet; de porter le scapulaire ; de s'associer aux confréries établies en son honneur; de célébrer ses fêtes; d'avoir chez soi quelque image qui rappelle son souvenir.

L'Annonciation. (Luc, 1.) — Les noces de Cana. (S. Jean, 2.)

Pratique. — Aimez à réciter en l'honneur de la sainte Vierge le chapelet et l'*Angelus*.

QUARANTE-TROISIÈME LEÇON.

Des Sacrements en général.

1. *Qu'est-ce qu'un Sacrement?*

Un sacrement est un signe sensible de la grâce, institué par Notre-Seigneur Jésus-Christ pour nous sanctifier.

2. *Combien y a-t-il de Sacrements?*

Il y a sept Sacrements : le Baptême, la Confirmation, l'Eucharistie, la Pénitence, l'Extrême-Onction, l'Ordre et le Mariage.

3. *Les Sacrements produisent-ils la grâce en tous ceux qui les reçoivent?*

Non, ils ne la produisent qu'en ceux qui les reçoivent dignement.

4. *Combien y a-t-il d'espèces de Sacrements?*

Il y a deux espèces de Sacrements : les uns donnent la grâce sanctifiante que nous n'avons pas et s'appellent sacrements des morts, les autres augmentent la grâce que nous avons déjà et s'appellent sacrements des vivants.

5. *Quels sont les Sacrements des morts?*

Ce sont : le Baptême et la Pénitence.

6. *Quels sont les Sacrements des vivants?*

Ce sont : la Confirmation, l'Eucharistie, l'Extrême-Onction, l'Ordre et le Mariage.

7. *Comment les Sacrements donnent-ils ou augmentent-ils la grâce?*

Les Sacrements donnent ou augmentent la grâce en nous appliquant les mérites de la mort de Jésus-Christ.

8. *N'y a-t-il pas une grâce spéciale attachée à chaque sacrement ?*

Oui, et on l'appelle la grâce sacramentelle.

9. *Quels sont les Sacrements qu'on ne peut recevoir qu'une fois?*

Ce sont : le Baptême, la Confirmation et l'Ordre.

10. *Pourquoi ne peut-on recevoir ces Sacrements qu'une fois?*

Parce qu'ils impriment dans l'âme un caractère ou une marque spirituelle qui ne s'efface jamais.

11. *Est-ce un grand péché de recevoir les Sacrements sans les dispositions nécessaires?*

Oui, c'est un grand péché, qu'on appelle sacrilège.

12. *Qu'entendez-vous par un sacrilège?*

J'entends la profanation d'une chose sacrée.

Mission des Apôtres. (Marc, 16.)

Pratique. — 1. Ayez en horreur le sacrilège; — 2. Respectez les choses qui ont quelque rapport avec les Sacrements, comme les vases sacrés, les ornements, etc.

QUARANTE-QUATRIÈME LEÇON.

Du Baptême.

1. *Qu'est-ce que le Baptême?*

Le Baptême est un sacrement qui efface le péché originel et qui nous fait chrétiens, enfants de Dieu et de l'Eglise.

2. *Le Baptême efface-t-il d'autres péchés que le péché originel?*

Oui, le Baptême, dans les adultes, remet aussi tous les autres péchés, et, de plus, toutes les peines dues pour ces péchés.

3. *Le Baptême est-il nécessaire au salut?*

Oui, le Baptême est si nécessaire au salut

que personne ne peut être sauvé sans ce sacrement.

4. *Quand un enfant est né, quel doit être le premier soin de ses parents?*

C'est de le faire porter à l'église sans retard pour lui faire recevoir le Baptême.

5. *Est-il permis de retarder le Baptême?*

Non, et l'Église défend de retarder le Baptême, parce que c'est une grande faute d'exposer les enfants à mourir sans être baptisés.

6. *Le Baptême peut-il être suppléé quand on ne peut pas le recevoir?*

Oui, dans ce cas il peut être suppléé par le martyre, ou par un acte de charité parfaite avec le désir d'être baptisé.

7. *Que doit faire celui qui donne le Baptême?*

Il doit : 1° avoir l'intention de baptiser; 2° verser de l'eau naturelle sur la tête de celui qu'il baptise; 3° dire lui-même pendant ce temps : « Je te baptise au nom du Père, et du Fils, et du Saint-Esprit. »

8. *Qui doit administrer le sacrement de Baptême?*

C'est le prêtre; mais toute personne peut baptiser, en cas de nécessité.

9. *Pourquoi donne-t-on le nom d'un saint à celui qu'on baptise?*

On lui donne le nom d'un saint afin qu'il ait au ciel un protecteur et un modèle.

10. *A quoi nous oblige le sacrement de Baptême?*

Le Baptême nous oblige à croire en Jésus-Christ, à professer sa doctrine, à renoncer à

Satan, à ses œuvres et à ses pompes, c'est-à-dire au péché et aux occasions de péché.

11. *Comment les enfants contractent-ils ces obligations?*

Par leurs parrains et leurs marraines.

12. *Quelles sont les obligations des parrains et des marraines envers leurs filleuls et filleules?*

Ils s'engagent à veiller à leur instruction religieuse et à leur conduite, à défaut de leurs pères et mères.

Passage de la mer Rouge, figure du baptême. (Exode, **14.**) — Naaman guéri de la lèpre. (IVe Liv. des Rois, 5.) — Baptême de Jésus-Christ. (Matt., 3.)

Pratique. — 1. Remerciez Dieu tous les jours d'avoir reçu le baptême, et conservez avec soin l'innocence baptismale; — 2. Célébrez chaque année l'anniversaire de votre baptême par la réception des Sacrements.

QUARANTE-CINQUIÈME LEÇON.

De la Confirmation.

1. *Qu'est-ce que la Confirmation?*

La Confirmation est un sacrement qui nous donne le Saint-Esprit, avec l'abondance de ses grâces, et qui nous fait parfaits chrétiens.

2. *Pourquoi dites-vous que la Confirmation nous fait parfaits chrétiens?*

Parce que ce sacrement perfectionne en nous les vertus chrétiennes et qu'il nous donne la grâce de professer courageusement la foi de Jésus-Christ.

3. *Quelles grâces ce sacrement nous donne-t-il plus particulièrement?*

Celles qu'on appelle ordinairement les sept Dons du Saint-Esprit.

LA CONFIRMATION.

4. *Quels sont les sept Dons du Saint-Esprit?*

Les dons de Sagesse, d'Intelligence, de Science, de Conseil, de Piété, de Force et de Crainte de Dieu.

5. *Qui peut donner la Confirmation?*

L'Evêque seul est le ministre ordinaire de la Confirmation.

6. *La Confirmation est-elle nécessaire au salut?*

Non, mais on pècherait gravement si, par sa faute, on négligeait de la recevoir.

7. *Dans quelles dispositions faut-il être pour recevoir avec fruit le sacrement de Confirmation?*

Il faut être en état de grâce, savoir les principales vérités de la religion et être instruit sur ce qui regarde ce sacrement.

Descente du Saint-Esprit au Cénacle. (Actes, 2.)

Pratique. — 1. Demandez avec ferveur les sept Dons du Saint-Esprit; — 2. Soyez fidèle à la grâce.

QUARANTE-SIXIÈME LEÇON.

Cérémonies de la Confirmation.

1. *Comment administre-t-on le sacrement de Confirmation?*

L'Evêque donne la Confirmation par l'imposition des mains, par l'onction du saint Chrême et par les prières qui accompagnent ces deux actions.

2. *Que signifie l'imposition des mains?*

L'imposition des mains signifie que l'Esprit-Saint vient prendre possession du confirmé et qu'il le couvre de sa protection.

3. *Qu'est-ce que le saint Chrême?*

C'est un mélange d'huile et de baume consacrés par l'Evêque, le jeudi saint.

4. *Que signifie l'huile d'olive?*

Elle signifie que la grâce de la Confirmation

adoucit ce que la loi de Dieu a de pénible et donne la force de l'accomplir.

5. *Que signifie le baume?*

Il signifie la bonne odeur des vertus chrétiennes.

6. *Pourquoi l'Evêque fait-il l'onction du saint Chrême sur le front en forme de croix?*

C'est pour apprendre au confirmé qu'il ne doit jamais rougir d'être disciple du Dieu crucifié.

7. *Pourquoi l'Evêque donne-t-il un léger soufflet à celui qu'il vient de confirmer?*

C'est pour lui apprendre qu'il doit être prêt à souffrir toutes sortes d'outrages pour la foi et l'amour de Jésus-Christ.

8. *Que doit faire le confirmand en recevant le sacrement de Confirmation?*

Il doit se tenir à genoux avec une grande modestie, renouveler intérieurement la résolution de vivre et de mourir en bon chrétien, et se conformer exactement à toutes les cérémonies prescrites.

Saint Paul impose les mains aux fidèles d'Éphèse, et ils reçoivent le Saint-Esprit. (Actes, 19.) — Saint Pierre et saint Jean imposent les mains aux fidèles de Samarie. (Actes, 8.)

Pratique. — 1. Priez l'Esprit-Saint de diriger toutes vos actions; 2. Invoquez-le en commençant les principales.

QUARANTE-SEPTIÈME LEÇON.

Du sacrement de l'Eucharistie.

1. *Quel est le plus grand de tous les sacrements?*

C'est l'Eucharistie ou le très Saint-Sacrement de l'Autel.

2. *Qu'est-ce que l'Eucharistie?*

L'Eucharistie est un sacrement qui contient réellement le Corps, le Sang, l'Ame et la Divinité de Notre-Seigneur Jésus-Christ, sous les espèces ou apparences du pain et du vin.

LA SAINTE CÈNE.

3. *Quel jour Notre-Seigneur Jésus-Christ a-t-il institué l'Eucharistie?*

Le Jeudi saint, la veille de sa mort.

prononce à la Messe, au moment de la consécration.

10. *Quelles sont ces paroles ?*

Les paroles mêmes de Jésus-Christ : « Ceci est mon corps. Ceci est mon sang. »

11. *A qui Jésus-Christ a-t-il laissé le pouvoir de faire le même changement?*

Aux Apôtres, et en leur personne à tous les prêtres, quand il leur dit : « Faites ceci en mémoire de moi. »

12. *N'y a-t-il que le Corps de Jésus-Christ sous l'espèce du pain, et son Sang sous l'espèce du vin ?*

Non, Jésus-Christ est tout entier sous l'espèce du pain et tout entier sous l'espèce du vin.

13. *Comment cela se fait-il?*

C'est parce que Jésus-Christ est vivant et immortel, et qu'ainsi son Corps, son Sang, son Ame et sa Divinité sont unis inséparablement.

14. *Quand le prêtre rompt l'hostie, rompt-il aussi le Corps de Notre-Seigneur?*

Non, il rompt seulement les espèces ou apparences du pain.

15. *Lorsque l'hostie est divisée, en quelle partie se trouvent le Corps et le Sang de Notre-Seigneur?*

Jésus-Christ est tout entier dans chaque partie, dans la plus petite comme dans la plus grande.

16. *Que devons-nous à Notre-Seigneur Jésus-Christ contenu dans le Saint-Sacrement?*

Nous devons le visiter souvent, l'adorer et

nous tenir toujours, en sa présence, dans le plus profond respect.

Manne, figure de l'Eucharistie. (Exode, 16.)
Promesse de l'Eucharistie. (Jean, 6.) — Institution de l'Eucharistie. (Matt. 26; Marc, 14; Luc, 22.)

Pratique. — 1. Ayez une bonne tenue à l'église qui est la maison de Dieu; — 2. Aimez à visiter souvent le Saint-Sacrement.

QUARANTE-HUITIÈME LEÇON.

Du saint sacrifice de la Messe.

1. *Qu'est-ce que la Messe?*

La Messe est le sacrifice non sanglant du corps et du sang de Jésus-Christ, offert à Dieu sur nos autels, sous les apparences du pain et du vin.

2. *Qui est-ce qui a institué le sacrifice de la Messe?*

C'est Notre-Seigneur Jésus-Christ qui l'institua, la veille de sa mort.

3. *A qui Jésus-Christ a-t-il donné le pouvoir de consacrer son corps et d'offrir le sacrifice de la Messe?*

C'est aux prêtres de la nouvelle Loi.

4. *Pourquoi Jésus-Christ a-t-il institué le sacrifice de la Messe?*

Pour représenter, continuer ou renouveler chaque jour le sacrifice sanglant de la Croix, et pour nous appliquer les grâces qu'il nous a méritées.

5. *Le sacrifice de la Messe est-il le même que celui de la Croix?*

Oui, c'est le même sacrifice, la même victime ; il n'y a de différence que dans la manière dont il est offert.

LE SAINT SACRIFICE DE LA MESSE.

6. *A qui le sacrifice de la Messe est-il offert?*

Le sacrifice de la Messe n'est offert qu'à Dieu seul.

7. *Ne l'offre-t-on pas aussi à la sainte Vierge et aux Saints?*

Non, mais on l'offre à Dieu pour le remercier des grâces qu'il a faites à la sainte Vierge et aux Saints et obtenir leur intercession.

8. *Pour qui offre-t-on le sacrifice de la Messe?*

On l'offre pour ceux qui y assistent et pour tous les fidèles vivants et trépassés.

9. *Pour qui l'offre-t-on plus spécialement?*

Pour ceux à qui le prêtre en applique le fruit.

10. *Pour quelles fins offre-t-on le sacrifice de la Messe?*

Pour adorer Dieu, le remercier de ses bienfaits, obtenir le pardon de ses péchés et demander les grâces dont on a besoin.

11. *Est-il utile d'assister souvent à la Messe?*

Oui, il est très salutaire d'y assister souvent, et même tous les jours si on le peut.

12. *Pour bien entendre la Messe, suffit-il d'y être présent?*

Non, il faut de plus s'y tenir avec modestie et prier avec dévotion.

13. *Est-ce une bonne pratique de s'unir au prêtre quand il communie?*

Oui, il est très utile de faire la communion spirituelle, à chaque Messe qu'on entend.

Sacrifice de Melchisédech. (Gen., 14.) — Salomon dédie le Temple. — Solennité des sacrifices de l'ancienne Loi. (III• Liv. des Rois, 8; IIe Liv. des Paral., 5, 6 et 7.)

Pratique. — 1. Aimez à lire les prières de la messe dans votre paroissien ; — 2. Regardez comme un grand honneur de servir la messe.

QUARANTE-NEUVIÈME LEÇON.

De la Communion.

1. *Qu'est-ce que communier?*
Communier, c'est recevoir Jésus-Christ dans la sainte Eucharistie.

2. *Est-il bon de communier souvent?*
Oui, c'est le désir de Notre-Seigneur Jésus-Christ et de l'Eglise, et les intérêts de notre âme nous le demandent.

3. *Quelles sont les dispositions nécessaires pour communier dignement?*
Il y en a deux sortes : les unes regardent le corps, les autres regardent l'âme.

4. *Quelles sont les dispositions du corps?*
Il faut être à jeun, c'est-à-dire n'avoir ni bu ni mangé depuis minuit, être habillé modestement, et avoir un extérieur recueilli.

5. *Quelles sont les principales dispositions de l'âme?*
Il faut être en état de grâce et avoir une intention droite.

6. *Ces deux dispositions suffisent-elles pour communier, même tous les jours?*
Oui, ces deux dispositions suffisent pour communier tous les jours, avec l'avis de son confesseur.

7. *Tous ceux qui communient sans être en état de péché mortel retirent-ils le même fruit de la Communion?*
Non, on reçoit d'autant plus de grâces dans

la Communion qu'on y apporte une foi plus vive, une espérance plus ferme, une plus ardente charité.

8. *Quel mal y aurait-il à communier en état de péché mortel?*

Ce serait un horrible sacrilège.

9. *Quels biens nous procure une communion sainte?*

Elle en produit beaucoup : elle nous unit à Jésus-Christ; elle conserve et augmente en nous la vie de la grâce; elle affaiblit nos passions; elle nous donne le gage de la vie éternelle.

10. *Que faut-il faire après la Communion?*

Il faut remercier Dieu de tout son cœur et le prier avec confiance; c'est ce qu'on appelle l'*action de grâces*.

11. *Est-ce une obligation pour les malades qui sont en danger de mort de communier en Viatique?*

Oui; et ils ne doivent pas attendre d'être à l'extrémité de la vie pour recevoir la Communion en Viatique.

12. *Est-il nécessaire que les malades soient à jeun pour recevoir le Saint-Viatique?*

Non, l'Eglise ne l'exige pas pour cette Communion.

13. *Les malades qui ne sont pas en danger de mort peuvent-ils communier sans être à jeun?*

Oui : s'ils gardent le lit, ou au moins la chambre, depuis un mois, s'ils n'ont pas un sérieux espoir de prompte convalescence, et s'ils ont pris l'avis de leur confesseur, l'Eglise leur permet de communier, même après avoir pris quelque nourriture liquide.

Parabole des convives et de l'habit nuptial. (Matt., 22.) — Hémorrhoïsse guérie. (Matt., 9.) — Humilité et foi du centenier. (Matt., 8.)

Pratique. — 1. Préparez toujours bien vos communions et faites l'action de grâces; — 2. Adorez le Saint-Sacrement quand on le porte à un malade et accompagnez-le, si vous le pouvez.

CINQUANTIÈME LEÇON.

Du sacrement de Pénitence.

1. *Qu'est-ce que le sacrement de Pénitence?*

C'est le sacrement qui remet par l'absolution les péchés commis après le baptême.

2 *Le sacrement de Pénitence remet-il toutes sortes de péchés?*

Oui, il remet tous les péchés, quelque énormes qu'ils soient, sans en excepter un seul.

3. *Quels sont ceux qui ont le pouvoir d'administrer le sacrement de Pénitence?*

Ce sont les prêtres approuvés.

4. *Qui leur a donné ce pouvoir?*

C'est Jésus-Christ qui le leur a communiqué par ces paroles : « Les péchés seront remis à ceux à qui vous les remettrez, et retenus à ceux à qui vous les retiendrez. »

5. *Quand reçoit-on le sacrement de Pénitence?*

On reçoit le sacrement de Pénitence au moment où le prêtre donne l'absolution.

6. *Qu'est-ce que l'absolution?*

L'absolution est la sentence par laquelle le prêtre remet les péchés au nom de Notre-Seigneur Jésus Christ.

7. *Le confesseur peut-il donner l'absolution à tous ceux qui se confessent?*

Non, le confesseur ne peut donner l'absolution qu'à ceux qui sont dans les dispositions nécessaires pour la recevoir dignement.

8. *Que doivent faire ceux à qui le prêtre juge à propos de différer l'absolution?*

Ils doivent se soumettre avec humilité, prendre la résolution de faire ce que le confesseur leur a prescrit ou conseillé, et se présenter au temps fixé.

9. *Quelles sont les conditions pour bien recevoir l'absolution?*

Il y en a trois : la contrition, la confession et la satisfaction.

Pénitence de David. (IIe Liv. des Rois, 12.) — Ninivites. (Jonas.) — Le paralytique. (Matt., 9.) — Fermier à qui on fait rendre compte. (Luc, 16.)

Pratique. — Regardez le sacrement de Pénitence comme un grand bienfait et non comme une obligation gênante.

CINQUANTE ET UNIÈME LEÇON.

De la Contrition.

1. *Qu'est-ce que la Contrition ?*

La Contrition est une douleur d'avoir offensé Dieu et une détestation du péché, avec la résolution de ne plus le commettre.

2. *Quelles sont les deux conditions essentielles pour que la Contrition soit bonne?*

Il faut : pour le passé, regretter les péchés commis; pour l'avenir, avoir le bon propos de ne plus y retomber.

3. *Combien y a-t-il de sortes de Contritions?*

Il y en a deux sortes : la Contrition parfaite et la Contrition imparfaite, qu'on appelle Attrition.

4. *Qu'est-ce que la Contrition parfaite?*

C'est une douleur surnaturelle d'avoir offensé Dieu, parce qu'il est souverainement bon.

5. *Quel est l'effet de la Contrition parfaite?*

La Contrition parfaite efface le péché, même avant l'absolution, pourvu qu'on ait le désir de la recevoir.

6. *La Contrition parfaite suffirait-elle, en danger de mort et en l'absence du prêtre, pour remettre le péché mortel?*

Oui, la Contrition parfaite suffirait, avec le désir de la confession.

7. *Qu'est-ce que la Contrition imparfaite ou l'Attrition?*

C'est une douleur surnaturelle d'avoir offensé Dieu, causée par la honte du péché ou par la crainte du châtiment.

8. *Quel est l'effet de la Contrition imparfaite?*

La Contrition imparfaite ne remet pas par elle-même les péchés, mais elle dispose le pécheur à en obtenir la rémission par le sacrement de Pénitence.

9. *La Contrition est-elle bien nécessaire pour recevoir l'absolution?*

Elle est si nécessaire que, sans la Contrition, on ne peut jamais recevoir le pardon de ses péchés.

10. *Quelles qualités doit avoir la Contrition pour être bonne?*

La Contrition, pour être bonne, doit être surnaturelle, intérieure, souveraine et universelle.

11. *Qu'entendez-vous par une Contrition surnaturelle?*

J'entends une Contrition qui doit être excitée en nous par le Saint-Esprit et par des motifs que la foi nous propose.

12. *Qu'entendez-vous par une Contrition intérieure?*

J'entends qu'il faut détester ses péchés du fond du cœur.

13. *Qu'entendez-vous par une Contrition souveraine?*

J'entends que nous devons détester le péché plus que tous les maux qui peuvent nous arriver.

14. *Qu'entendez-vous par une Contrition universelle?*

J'entends que la Contrition doit s'étendre au moins à tous les péchés mortels.

15. *Faites un acte de Contrition.*

Mon Dieu, j'ai un extrême regret, etc... (page 17).

16. *Que devons-nous faire pour avoir la Contrition?*

La demander à Dieu et nous y exciter.

17. *Comment pouvons-nous nous exciter à la Contrition?*

En considérant la bonté infinie de Dieu que nous avons offensé, la mort que Jésus-Christ a endurée pour nos péchés, le bonheur du Ciel que nous avons perdu et les peines de l'enfer que nous avons méritées.

La pécheresse pardonnée. (Jean, 8.) — Parabole de l'enfant prodigue. (Luc, 15.) — Vraie contrition du publicain et fausse contrition du pharisien. (Luc, 18.).

Pratique. — 1. Faites trois stations : l'une au Calvaire, l'autre à la porte du ciel, l'autre à la porte de l'enfer, pour bien vous exciter à la contrition ; — 2. Faites avant de vous coucher un acte de contrition parfaite.

CINQUANTE-DEUXIÈME LEÇON.

De la Confession.

1. *Qu'est-ce que la Confession?*

La Confession est l'accusation qu'on fait de ses péchés à un prêtre approuvé, pour en recevoir l'absolution.

2. *Qui a institué la Confession?*

C'est Notre-Seigneur Jésus-Christ qui a établi la Confession lorsqu'il a donné à ses Apôtres le pouvoir de remettre ou de retenir les péchés.

RETOUR DE L'ENFANT PRODIGUE.

3. *Pourquoi faut-il confesser ses péchés?*

Il faut confesser ses péchés parce que le confesseur ne peut juger s'il faut les remettre ou les retenir que si on les lui fait connaître.

4. *Quelles qualités doit avoir la Confession?*

La Confession doit être humble, sincère et entière.

5. *Celui qui cacherait un seul péché mortel ferait-il une bonne confession?*

Non; et même il commettrait un sacrilège s'il recevait l'absolution.

6. *A quoi serait-il obligé?*

A refaire sa confession et à s'accuser en particulier de ce sacrilège.

7. *Celui qui, sans le vouloir, oublie de confesser un péché mortel, fait-il une bonne confession?*

Oui, le péché oublié involontairement est remis avec les autres; mais on doit s'en accuser, si on s'en souvient, à la prochaine confession.

8. *Suffit-il de confesser en général et en gros tous ses péchés?*

Non, il faut de plus en dire, autant que possible, l'espèce et le nombre, avec les circonstances qui en changent la nature.

9. *Est-il nécessaire de s'accuser des péchés véniels?*

La confession des péchés véniels est bonne et utile, mais elle n'est pas absolument nécessaire.

David confesse son péché à Nathan. (IIe Liv. des Rois, 12.) — Esdras confesse ses péchés et ceux du peuple, et renouvelle l'alliance avec Dieu. (Ier Livre d'Esdras, 9, 10.) — Les habitants de la Judée vont à saint Jean et confesssent leurs péchés. (Matt., 3 ; Marc, 1.)

Pratique. — Habituez-vous à voir Notre-Seigneur Jésus-Christ dans la personne du confesseur.

CINQUANTE-TROISIÈME LEÇON.

De la pratique de la Confession.

1. *Que faut-il faire pour se préparer à la confession?*

Il faut, après avoir imploré la grâce de Dieu, examiner sa conscience et s'exciter à la contrition.

2. *Qu'entend-on par examiner sa conscience?*

C'est rechercher avec soin tous les péchés qu'on a commis.

3. *Que faut-il faire avant de s'examiner?*

Il faut d'abord demander au Saint-Esprit les lumières nécessaires pour connaître ses péchés, et la douleur pour les détester.

4. *Sur quoi faut-il s'examiner?*

Sur les commandements de Dieu et de l'Eglise, sur les péchés capitaux et sur les devoirs de son état.

5. *Que doit-on chercher ensuite?*

On doit chercher avec soin les péchés qu'on a commis par pensées, par désirs, par paroles, par actions et par omissions.

6. *Quand le moment de se confesser est venu, que faut-il faire?*

Il faut se mettre à genoux aux pieds du prêtre, faire le signe de la croix, dire : « Bénissez-moi, mon Père, parce que j'ai péché », et réciter le « Confiteor » jusqu'à « mea culpa ».

7. *Que faut-il dire d'abord au confesseur?*

Il faut dire : 1° depuis quel temps on ne s'est pas confessé; 2° si l'on a reçu alors l'absolution; 3° si on a fait la pénitence; 4° si on a omis quelque péché par oubli ou autrement.

8. *Que doit-on dire ensuite?*

On doit avouer humblement tous ses péchés et répondre avec sincérité aux interrogations.

9. *Comment convient-il de terminer sa confession?*

Il convient de dire : « Mon Père, je m'accuse de tous ces péchés et de tous ceux de ma vie passée; j'en demande pardon à Dieu, et à vous, mon Père, pénitence et absolution, si vous le jugez à propos »; on achève ensuite le « Confiteor » et on écoute avec attention les avis du prêtre et la pénitence qu'il impose.

10. *Que faut-il faire pendant que le prêtre donne l'absolution?*

Il faut se recueillir profondément et réciter de bouche, et surtout de cœur, l'acte de Contrition.

11. *Après la confession, que faut-il faire?*

Aussitôt après la confession, il faut remercier Dieu, renouveler sa promesse de ne plus pécher et accomplir sa pénitence le plus tôt possible.

Les fidèles d'Éphèse se confessent et réparent leurs péchés. (Actes, 19.)

Pratique. — Faites l'examen de conscience tous les soirs, avant de vous coucher, et excitez-vous à la contrition parfaite.

CINQUANTE-QUATRIÈME LEÇON.

De la Satisfaction.

1. *Qu'est-ce que la Satisfaction?*

La Satisfaction est la réparation de l'injure que nos péchés ont faite à Dieu et du tort qu'ils ont causé au prochain.

2. *Est-on obligé de satisfaire à Dieu après avoir reçu l'absolution de ses péchés?*

Oui, parce que l'absolution remet les peines éternelles de l'enfer, mais ne dispense pas totalement des peines temporelles qu'il faut subir en cette vie ou en l'autre.

3 *Qu'entend-on par Satisfaction sacramentelle?*

Par Satisfaction sacramentelle on entend la pénitence imposée par le confesseur.

4. *Pour faire une bonne confession faut-il vouloir accomplir la pénitence imposée par le confesseur?*

Oui, si on n'est pas résolu à faire cette pénitence, on ne reçoit pas la rémission de ses péchés.

5. *Suffit-il d'avoir eu cette résolution?*

Non, nous sommes obligés d'accomplir en réalité la pénitence, et il ne nous est pas permis d'y rien changer.

6. *Ne pouvons-nous pas satisfaire encore à Dieu plus complètement?*

Nous pouvons et nous devons encore satisfaire à Dieu par la prière et les bonnes œuvres, et en lui offrant notre travail et les peines de notre vie supportées avec patience.

7. *Comment satisfait-on au prochain?*

En réparant le tort qu'on lui a fait dans sa personne, son honneur ou ses biens.

Dieu, en pardonnant aux Israélites leurs péchés, les condamne à passer quarante ans dans le désert. (Nombres, 14.) — Satisfaction de David après son péché pardonné. (IIe Liv. des Rois, 12; Ier Liv. des Paral., 21.) — Zachée satisfait à Dieu et au prochain. (Luc, 19.)

Pratique. — Offrez à Dieu, chaque matin, le travail et les peines de la journée, en expiation de vos péchés et en union avec les souffrances de Jésus-Christ.

CINQUANTE-CINQUIÈME LEÇON.

De l'Extrême-Onction.

1. *Qu'est-ce que l'Extrême-Onction?*

L'Extrême-Onction est un sacrement institué pour le soulagement spirituel et même corporel des malades.

2. *Comment l'Extrême-Onction soulage-t-elle spirituellement les malades?*

L'Extrême-Onction soulage spirituellement les malades en les purifiant des restes de leurs péchés, en les fortifiant contre les tentations du démon et contre les horreurs de la mort.

3. *Quel est le soulagement corporel que l'Extrême-Onction procure?*

L'Extrême-Onction adoucit les souffrances

des malades et leur rend même la santé, si Dieu la juge utile à leur salut.

4. *A qui faut-il donner l'Extrême-Onction?*

A tous ceux qui ont l'âge de raison et qui sont dangereusement malades.

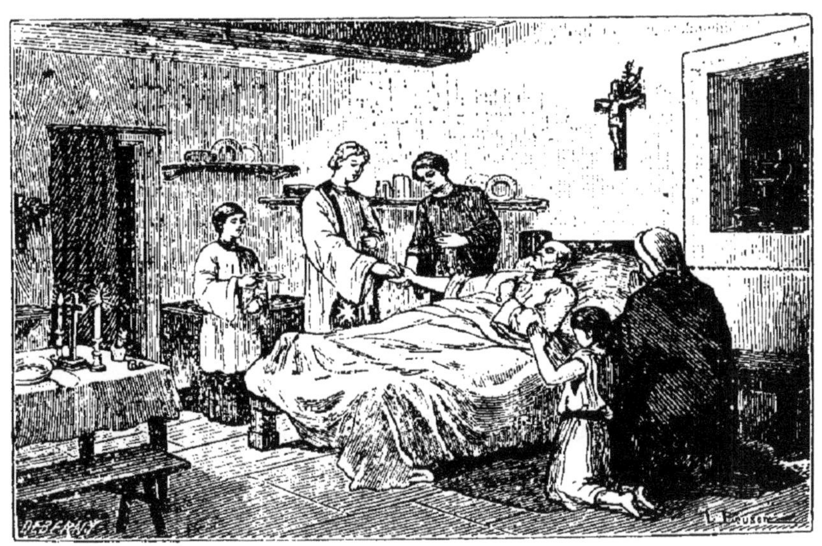

L'EXTRÊME-ONCTION.

5. *Les parents des malades sont-ils obligés de leur procurer à temps les derniers sacrements?*

Oui, et ils encourent une grave responsabilité s'ils y manquent, ou s'ils vont chercher le prêtre trop tard.

6. *Faut-il attendre que le malade soit à l'extrémité pour lui faire recevoir l'Extrême-Onction?*

Non, il est plus salutaire qu'il la reçoive tandis qu'il a toute sa connaissance et qu'il peut la recevoir avec dévotion.

7. *Quelles sont les dispositions requises pour recevoir l'Extrême-Onction?*

Il faut que le malade ait tâché de se mettre en état de grâce.

Usage de l'Extrême-Onction insinué (Marc, 6), manifestement établi et recommandé (Jac., 5).

Pratique. — 1. En cas de maladie grave, demandez vous-même la visite du prêtre et les derniers sacrements; — 2. Pratiquez la charité vis-à-vis des malades en appelant le prêtre auprès d'eux, et préparez ce qui est nécessaire pour l'administration de ce sacrement.

CINQUANTE-SIXIÈME LEÇON.

De l'Ordre.

1. *Qu'est-ce que l'Ordre?*

L'Ordre est un sacrement qui donne le pouvoir et la grâce d'exercer saintement les fonctions ecclésiastiques.

2. *Est-ce une grande grâce et un grand honneur d'être appelé à l'état ecclésiastique?*

Oui, c'est une grande grâce et un grand honneur, et c'est aussi une source d'abondantes bénédictions pour les familles.

3. *Quels sont les devoirs des parents en ce qui regarde ce sacrement?*

Les parents doivent être heureux que Dieu daigne appeler leurs enfants au sacerdoce, leur laisser une entière liberté de suivre leur vocation et les aider à y être fidèles.

4. *Quelles sont les dispositions nécessaires pour recevoir le sacrement de l'Ordre?*

Il faut être appelé de Dieu, être en état de grâce et se proposer uniquement de travailler au salut des âmes.

L'ORDINATION.

5. *Quels sont les devoirs des fidèles à l'égard des ministres de l'Eglise?*

Ils doivent les respecter, les honorer, leur obéir et prier pour eux.

6. *Doivent-ils aussi les assister?*

Oui, les fidèles sont obligés en conscience de venir en aide, autant qu'ils le peuvent, aux ministres de l'Eglise.

7. *Comment s'appelle cette assistance?*

Elle s'appelle le « Denier du culte ».

Sacerdoce d'Aaron. (Exode, 28.) — Jésus-Christ donne à ses Apôtres le pouvoir de remettre les péchés et de consacrer son corps et son sang. (Matt., 16 et 26.) — Élection des sept diacres. (Actes, 6.)

Pratique. — 1. Demandez souvent à Dieu de donner des prêtres et de bons prêtres à l'Eglise ; — 2. Témoignez en toutes circonstances un grand respect pour les prêtres, et aidez-les dans toutes les œuvres de zèle et de charité.

CINQUANTE-SEPTIÈME LEÇON.

Du Mariage.

1. *Qu'est-ce que le sacrement du Mariage?*

Le Mariage est un sacrement qui forme et sanctifie l'union de l'homme et de la femme, et qui leur donne la grâce de vivre chrétiennement ensemble et d'élever leurs enfants dans la crainte de Dieu.

2. *Quelles précautions doit prendre une personne chrétienne avant de s'engager dans le Mariage?*

Elle doit prier Dieu de l'éclairer et prendre l'avis de ses parents et des personnes sages.

3. *A quoi s'exposent ceux qui se préparent mal à recevoir le sacrement de Mariage?*

Ils s'exposent à attirer sur leur mariage la malédiction de Dieu et à être malheureux dans cette vie et dans l'autre.

4. *En quel état faut-il être pour recevoir dignement le sacrement de Mariage?*

Il faut être en état de grâce.

5. *Dieu bénit-il les familles nombreuses?*

Oui, Dieu leur réserve des grâces et des bénédictions particulières.

6. *Le mariage est-il indissoluble?*

Oui, le mariage est indissoluble et ne peut être rompu que par la mort de l'un des deux époux.

7. *Qui a proclamé l'indissolubilité du Mariage?*

C'est Notre-Seigneur Jésus-Christ lui-même, quand il a dit : « Que l'homme ne sépare pas ce que Dieu a uni... Je vous dis que quiconque renvoie sa femme, et en épouse une autre, commet un adultère. » (Matthieu, XIX, 6 et 9.)

8. *L'Église elle-même peut-elle rompre les liens du mariage?*

Non, elle peut seulement, dans certains cas, juger qu'un mariage n'a pas été validement contracté.

9. *Le divorce n'est donc jamais permis?*

Non ; car il est gravement opposé aux lois de Dieu et de l'Eglise, au bonheur des époux et des familles et aux intérêts de la société.

10. *Peut-on se remarier du vivant du premier époux?*

Non, parce que le lien du premier mariage n'est pas rompu ; et se remarier serait se mettre en état de péché mortel.

11. *Que faut-il penser du mariage civil entre chrétiens?*

Le mariage civil entre chrétiens règle simplement les intérêts matériels, et ceux qui ne sont pas mariés devant Dieu vivent dans l'état de péché mortel.

12. *A quoi s'exposent ceux qui contractent un mariage purement civil?*

Ils ne peuvent être admis aux sacrements,

et ils s'exposent à être privés de la sépulture ecclésiastique, après leur mort.

13. *Qu'appelle-t-on empêchements du mariage?*

On appelle empêchements du mariage certaines circonstances qui le rendent nul ou coupable.

14. *Pourquoi l'Eglise ordonne-t-elle de publier les bans avant le mariage?*

Afin de découvrir les empêchements qui pourraient s'opposer au mariage.

15. *Y a-t-il un état plus parfait que celui du mariage?*

Oui, c'est celui de la virginité ou du célibat gardés par amour pour Dieu.

Modèles de préparation au mariage : Isaac et Rébecca Gen., 24); Tobie et Sara (Tob., 6). — Noces de Cana. (Jean, 2.)

Pratique. — Tenez-vous bien à l'église, quand vous assistez à un mariage, et priez pour les nouveaux mariés.

FIN DE LA TROISIÈME PARTIE.

CATÉCHISME LITURGIQUE

CHAPITRE PREMIER.

Notions préliminaires.

1. *Qu'appelle-t-on* Année liturgique?

On appelle *Année liturgique* la succession des grandes époques religieuses et des fêtes que l'Eglise sanctifie et célèbre dans le courant de l'année.

2. *Comment divise-t-on l'Année liturgique?*

En cinq parties principales : 1° le temps de l'Avent; 2° le temps de Noël; 3° le temps du Carême; 4° le temps pascal; 5° le temps après la Pentecôte.

3. *Qu'est-ce que les Quatre-Temps?*

Ce sont trois jours d'abstinence et de jeûne institués par l'Eglise pour sanctifier, par la pénitence, chacune des quatre saisons de l'année.

4. *Qu'est-ce qu'une Vigile?*

C'est un jour de jeûne et d'abstinence qui précède certaines fêtes.

5. *Quelles sont les Vigiles entraînant jeûne et abstinence, à moins de dispense?*

Ce sont celles de : la Noël, la Pentecôte, Saint-Pierre et Saint-Paul, l'Assomption et la Toussaint.

6. *Pourquoi certaines fêtes ont-elles une Octave?*

Parce que l'Eglise veut en montrer la solennité et l'importance par des prières qui durent huit jours.

CHAPITRE II.

Le temps de l'Avent.

1. *Quand commence l'Année liturgique?*

L'Année liturgique commence au saint temps de l'Avent.

2. *Qu'appelle-t-on Avent?*

Les quatre semaines qui précèdent la fête de Noël.

3. *Pourquoi l'Avent a-t-il été institué?*

Pour nous rappeler les milliers d'années pendant lesquelles le monde a attendu la venue du Messie et nous préparer à la fête de la Noël.

4. *Que faut-il faire pendant l'Avent?*

Il faut travailler à notre sanctification par la prière et la pénitence, et nous disposer à recevoir Notre-Seigneur, à l'anniversaire de sa naissance.

CHAPITRE III.

Le temps de Noël.

1. *Qu'est-ce que le temps de Noël?*

C'est le temps qui nous rappelle la naissance du Sauveur et les mystères de son enfance.

2. *Quels sont ces mystères?*

Ces mystères sont : la Noël, la Circoncision et l'Epiphanie.

3. *Quel mystère célébrons-nous dans la fête de Noël?*

La naissance de Jésus-Christ dans l'étable de Bethléem.

4. *Pourquoi dit-on trois messes le jour de Noël?*

On dit trois messes pour honorer : 1° la *naissance éternelle* du Fils de Dieu dans le sein de son Père; 2° sa *naissance temporelle* à Bethléem ; 3° sa *naissance spirituelle* dans nos âmes par la grâce.

5. *Que nous enseigne Jésus-Christ dans sa naissance?*

Il nous enseigne l'humilité, la pauvreté et la souffrance.

6. *Que nous rappelle la fête de la Circoncision?*

Le jour où l'Enfant-Dieu reçut le nom de Jésus.

7. *Que nous rappelle la fête de l'Epiphanie?*

Elle nous rappelle Jésus-Christ se faisant connaître aux Gentils, représentés par les Mages.

8. *Qu'étaient les Mages?*

Des rois venus de l'Orient, guidés par une étoile miraculeuse.

9. *Quels présents offrirent les Mages à Notre-Seigneur?*

Ils lui offrirent de l'or, parce qu'il était roi; de l'encens, parce qu'il était Dieu; de la myrrhe, parce qu'il était homme et devait mourir.

10. *Quels mystères célèbre-t-on dans la fête de l'Epiphanie?*

On en célèbre trois : 1° l'adoration des Mages; 2° le baptême de Notre-Seigneur; 3° son premier miracle, aux Noces de Cana.

11. *Que devons-nous faire pour profiter de cette fête?*

Nous devons suivre les inspirations de la grâce, comme les Mages suivirent l'étoile.

CHAPITRE IV.

Le temps du Carême.

1. *Qu'appelle-t-on Carême?*
On appelle Carême les quarante jours de pénitence qui précèdent la fête de Pâques.

2. *Que nous rappelle le Carême?*
Les quarante jours que Notre-Seigneur passa au désert dans le jeûne et la prière.

3. *Pourquoi l'Eglise a-t-elle institué le Carême?*
Pour nous préparer à la fête de Pâques par la pénitence et la prière.

4. *Par quelle cérémonie s'ouvre le Carême?*
Par la cérémonie des *Cendres,* dans laquelle le prêtre met des cendres au front des fidèles, en disant à chacun d'eux : « Souviens-toi, ô homme, que tu es poussière et que tu retourneras en poussière. »

5. *Avec quoi sont faites les Cendres?*
Avec les rameaux bénits l'année précédente, le dimanche des Rameaux.

6. *Qu'est-ce que la Semaine sainte?*
C'est la dernière semaine du Carême, appelée *sainte* à cause des grands mystères qu'on y célèbre.

7. *Que nous rappelle le dimanche des Rameaux?*
L'entrée triomphale de Jésus à Jérusalem aux acclamations du peuple portant des rameaux d'olivier.

8. *Que nous rappelle le Jeudi saint?*
L'institution de l'Eucharistie et du sacerdoce.

9. *Que nous rappelle le Vendredi saint?*
La passion et la mort de Notre-Seigneur.

10. *Que nous rappelle le Samedi saint?*
La sépulture du corps de Jésus-Christ.

CHAPITRE V.

Le temps Pascal.

1. *Quelle est la plus grande solennité de l'année?*
C'est la fête de Pâques, instituée pour célébrer la résurrection de Notre-Seigneur.

2. *Quel profit devons-nous en retirer?*
De même que J.-C. ressuscité ne meurt plus, de même, ressuscités à la vie de la grâce, nous devons prendre la résolution d'éviter la mort du péché.

3. *Qu'est-ce que les Rogations?*
Ce sont des pénitences et des prières publiques, accompagnées de processions, qui se font pendant trois jours avant l'Ascension.

4. *Pourquoi les Rogations ont-elles été établies?*
Pour demander à Dieu de détourner les fléaux qui pourraient nous atteindre, et attirer ses bénédictions sur les fruits de la terre.

5. *Qu'est-ce que l'Ascension?*
L'Ascension est la fête du triomphe de Notre-Seigneur montant au Ciel en corps et en âme.

6. *Quel sentiment cette fête doit-elle exciter en nous?*
Un grand désir du Ciel.

7. *Qu'est-ce que la Pentecôte?*
C'est la fête établie en mémoire du jour où Notre-Seigneur envoya le Saint-Esprit à ses Apôtres.

8. *Comment se fit cette descente du Saint-Esprit?*
Elle fut annoncée par un grand bruit, comme celui d'un vent impétueux, et le divin Esprit parut en même temps sous forme de langues de feu qui s'arrêtèrent sur chacun de ceux qui étaient dans le Cénacle.

CHAPITRE VI.

Le temps après la Pentecôte.

1. *Quel mystère célèbre l'Eglise dans la fête de la sainte Trinité?*

Le mystère d'un seul Dieu en trois personnes.

2. *Qu'est-ce que la Fête-Dieu?*

C'est une fête établie pour rendre un hommage solennel et extérieur à la sainte Eucharistie.

3. *Qu'est-ce que la fête du Sacré-Cœur?*

C'est une fête instituée pour honorer l'amour immense de Jésus-Christ pour les hommes et son divin Cœur qui en est le symbole et l'organe.

4. *Qu'est-ce que la Toussaint?*

C'est une fête instituée pour honorer ensemble la sainte Vierge et tous les Saints qui sont dans le Ciel.

5. *Qu'est-ce que la Commémoraison des morts?*

C'est le jour où l'Eglise prie d'une façon particulière pour toutes les âmes du Purgatoire.

6. *Qu'est-ce que la Dédicace des églises?*

C'est une fête destinée à nous rappeler que nos églises ont été consacrées à Dieu et que nous devons les respecter et les aimer.

CHAPITRE VII.

Fêtes de la sainte Vierge.

1. *Que nous rappelle la fête de l'Immaculée-Conception (8 décembre)?*

Elle nous rappelle le privilège accordé à Marie d'être préservée du péché originel.

2. *Que nous rappelle la fête de la Nativité (8 septembre)?*

La glorieuse naissance de la Vierge Marie.

3. *Que nous rappelle la fête de la Présentation (21 novembre)?*

L'offrande qui fut faite à Dieu de la sainte Vierge par ses parents, dans le temple de Jérusalem.

4. *Que nous rappelle la fête de l'Annonciation (25 mars)?*

La mission de l'ange Gabriel annonçant à Marie qu'elle serait mère de Dieu.

5. *Que nous rappelle la fête de la Visitation (2 juillet)?*

La visite de la sainte Vierge à sa cousine Elisabeth.

6. *Que nous rappelle la fête de la Purification (2 février)?*

Cette fête nous rappelle que la sainte Vierge voulut se soumettre à la loi de Moïse dans le temple et y présenter à Dieu son divin Fils.

7. *Pourquoi appelle-t-on encore cette fête la* CHANDELEUR?

Parce que, ce jour-là, l'Eglise fait bénir des cierges, symboles de Jésus-Christ qui est la lumière du monde.

8. *Que nous rappelle la fête de la Compassion?*

Elle nous rappelle les principales douleurs qui transpercèrent le cœur de la sainte Vierge pendant la vie et la passion de son divin Fils.

9. *Que nous rappelle la fête de l'Assomption (15 août)?*
Le triomphe de Marie transportée au Ciel en corps et en âme par les anges.

CHAPITRE VIII.

Fêtes des Anges et des Saints.

1. *Quelles sont les principales fêtes des Anges?*
La fête de saint Michel (29 septembre) et la fête des Anges gardiens (2 octobre).

2. *Quelles sont les principales fêtes des Saints?*
Ce sont, outre la Toussaint, les fêtes de saint Jean-Baptiste, de saint Joseph, des saints apôtres Pierre et Paul et des Patrons.

3. *Pourquoi l'Eglise donne-t-elle la première place à saint Jean-Baptiste?*
Parce que saint Jean-Baptiste, sanctifié avant sa naissance, fut le précurseur de Notre-Seigneur.

4. *Pourquoi saint Joseph est-il honoré d'un culte spécial?*
Parce que saint Joseph fut l'époux de la sainte Vierge et le père nourricier de Jésus, et qu'il est le patron de l'Eglise universelle et de la bonne mort.

5. *Pourquoi honorons-nous particulièrement saint Pierre et saint Paul?*
Parce que saint Pierre fut établi chef de l'Eglise par Notre-Seigneur et que saint Paul fut le plus grand prédicateur de l'Evangile.

6. *Qu'appelle-t-on* PATRONS?
On appelle *patrons* les saints choisis pour protéger les nations, les diocèses, les paroisses et chacun de nous.

7. *Quel est le patron de la France?*
C'est saint Michel, archange.

8. *Quels sont les patrons du diocèse d'Auch?*
Ce sont surtout : saint Taurin, saint Orens, saint Léothade et saint Austinde.

CHAPITRE IX.

Rites, cérémonies, objets du Culte.

1. *Qu'est-ce que les rites et les cérémonies?*
Ce sont les actions et les paroles employées par l'Eglise dans l'exercice du culte divin et auxquelles elle a attaché un sens symbolique.

2. *Est-il bon de connaître le sens des cérémonies?*
Oui, autrement elles sont comme un langage qu'on n'entend pas et frappent les yeux sans rien dire à l'âme.

3. *Quelles cérémonies fait-on le dimanche, avant la messe paroissiale?*
On fait l'aspersion de l'eau bénite, pour apprendre aux fidèles qu'ils doivent purifier leurs âmes avant la sainte messe, et la procession dominicale pour attirer les bénédictions de Dieu sur les biens de la terre.

4. *Qu'est-ce que les Vêpres?*
C'est un office du soir où l'on chante des antiennes, des psaumes, une hymne et le *Magnificat*, et où se donne le Salut du Saint-Sacrement.

5. *En quoi consiste le Salut du Saint-Sacrement?*
Le Salut, ou bénédiction du Saint-Sacrement, consiste à adorer Notre-Seigneur exposé sur l'autel et à recevoir sa bénédiction.

6. *Quels sont les principaux objets symboliques qui servent au culte?*
Ce sont : l'encens, les cierges, l'eau bénite, le pain bénit, les ornements du prêtre.

7. *Que signifie l'encens?*
Il signifie la prière qui monte vers Dieu.
8. *Que signifient les cierges?*
Ils rappellent Notre-Seigneur, lumière du monde, que nous devons suivre parce qu'il est la *Voie*, la *Vérité* et la *Vie*.
9. *Que signifie le pain bénit?*
Il signifie que nous sommes membres d'une même famille et que nous devons manger ensemble, comme des frères, le pain du bon Dieu.
10. *Que signifie l'eau bénite placée à la porte des églises?*
Elle signifie que nous sommes devenus enfants de Dieu par le baptême et que nous devons laver nos âmes dans les eaux de la pénitence.
11. *Est-il bon que nous ayons de l'eau bénite dans nos demeures?*
Oui, c'est une très salutaire pratique.
12. *Que nous rappellent les ornements du prêtre?*
Ils nous rappellent que nous devons nous revêtir de Jésus-Christ.

CHAPITRE X.

Les principales dévotions.

1. *Quelles sont les principales dévotions en l'honneur de la sainte Vierge?*
Ce sont : l'angelus, le chapelet, le mois de Marie, le mois du Rosaire et le scapulaire.
2. *Qu'est-ce que l'*ANGELUS*?*
C'est une prière qu'on récite le matin, à midi et le soir, au son de la cloche, pour se souvenir que le Fils de Dieu s'est fait homme et qu'il a choisi Marie pour mère.
3. *Qu'est-ce que le chapelet?*
C'est une couronne de prières comprenant le symbole des apôtres, et cinq dizaines d'*Ave Maria* précédées du *Pater*.

4. *En quoi consiste le mois de Marie?*

A honorer la sainte Vierge d'un culte spécial pendant le mois de mai, qui lui est consacré.

5. *Qu'est-ce que le mois du Rosaire?*

C'est le mois d'octobre, ainsi appelé à cause de la fête du Rosaire et des exercices particuliers que l'on fait pendant ce mois.

6. *Qu'est-ce que le scapulaire?*

C'est un petit vêtement de laine que l'on reçoit du prêtre, et que l'on porte sur soi pour jouir de la protection de la sainte Vierge.

7. *Qu'est-ce que le Chemin de la croix?*

C'est la représentation, en quatorze stations ou tableaux, des principales scènes de la Passion de Notre-Seigneur.

8. *Comment fait-on le Chemin de la croix?*

En allant d'une station à l'autre et en méditant devant chacune sur les souffrances et la mort de Jésus-Christ.

9. *N'y a-t-il pas un autre moyen de profiter des avantages du Chemin de la croix?*

Oui; quand on est empêché, par la maladie ou par toute autre cause légitime, de se rendre dans un lieu où le Chemin de la croix est érigé, on gagne les mêmes indulgences en se servant d'un crucifix bénit à cet effet.

10. *Y a-t-il encore d'autres dévotions spéciales?*

Oui, par exemple les pèlerinages à Jerusalem, à Rome, à Lourdes, ou à des sanctuaires érigés en l'honneur des Saints.

PETITE HISTOIRE DE L'ÉGLISE

LES ORIGINES CHRÉTIENNES

I.

L'Évangélisation du Monde romain.

1. *Quelle fut la première Église fondée par les Apôtres?*
Ce fut l'Église de Jérusalem, formée avec les premiers convertis par saint Pierre, le jour de la Pentecôte.

2. *Qui aidait les Apôtres dans leur ministère?*
C'étaient sept diacres, qui administraient les biens et distribuaient les aumônes.

3. *Cette Eglise fut-elle persécutée?*
Oui, les Juifs firent emprisonner les Apôtres, lapidèrent le diacre saint Etienne et décapitèrent saint Jacques, évêque de Jérusalem.

4. *Quel fut le plus célèbre converti de cette période?*
Ce fut un docteur juif, Saul de Tarse, qui devint le grand apôtre saint Paul.

5. *Où se réunit le premier Concile?*

A Jérusalem, et l'on y décida de prêcher l'Évangile aux « gentils » ou païens.

6. *Que firent ensuite les Apôtres?*

Ils se dispersèrent pour fonder des chrétientés dans le monde romain.

7. *Où se fixa saint Pierre?*

Saint Pierre se fixa à Rome, où il mourut martyr avec saint Paul dans la persécution de Néron.

8. *Comment faisaient les Apôtres pour évangéliser le monde?*

Ils prêchaient, fondaient des Églises et adressaient parfois des lettres aux fidèles pour les fortifier dans la foi.

II.

Les Persécutions.

1. *Pourquoi les chrétiens furent-ils persécutés?*

Parce qu'ils ne voulaient pas adorer les faux dieux de l'empire romain.

2. *Citez les principaux persécuteurs.*

Les principaux persécuteurs furent les empereurs Néron, Domitien, Marc-Aurèle, Dèce, Valérien, Dioclétien et Julien l'Apostat.

3. *Quels moyens employa-t-on pour persécuter les chrétiens?*

On employa la séduction et souvent les plus affreux supplices : la décapitation, les bêtes féroces, les travaux forcés, la torture.

4. *Combien de temps durèrent les persécutions?*

Elles durèrent plus de trois siècles.

5. *Y eut-il beaucoup de martyrs?*

Oui, il y eut un grand nombre de martyrs de toute condition : des papes, des évêques, des prêtres, des soldats, des enfants, des jeunes filles, des esclaves.

6. *Qui fit cesser les persécutions religieuses?*
Ce fut l'empereur Constantin, qui se convertit au christianisme et donna la liberté à l'Eglise par l'*Edit de Milan*, en 313.

7. *Que firent alors les chrétiens?*
Ils élevèrent partout des églises et exercèrent publiquement leur culte qui avait été jusque-là relégué dans les catacombes.

8. *Comment s'organisa l'Église?*
Dans chaque ville l'évêque présidait au culte, assisté de prêtres, de diacres et d'autres clercs, et à la tête de chaque province était un évêque principal appelé *métropolitain*.

9. *D'où l'Eglise tirait-elle ses ressources?*
Des offrandes des fidèles, qui assuraient la subsistance du clergé, l'entretien du culte et l'assistance des pauvres.

10. *L'Eglise transforma-t-elle la société païenne?*
Oui, l'Église en changea complètement les croyances, les mœurs et l'état social.

III.

Les Hérésies et les Pères de l'Église.

1. *Contre qui l'Eglise eut-elle à se défendre après les persécutions?*
Contre les faux docteurs, appelés hérétiques, qui mirent en péril la pureté de la foi chrétienne.

2. *Quelles furent les principales hérésies du quatrième siècle?*
Celle d'*Arius*, qui niait la divinité de Jésus-Christ; celle d'*Eutychès*, qui affirmait qu'il n'y avait eu en Jésus qu'une nature; celle de *Nestorius*, qui voulut distinguer deux personnes en Jésus-Christ; celle de *Pélage*, qui prétendait que l'homme peut se sauver sans la grâce de Dieu.

3. *Que fit l'Eglise?*
Elle réunit des Conciles généraux où furent convoqués tous les évêques du monde, présidés par le Pape ou par les délégués du Pape.

4. *Quels furent les plus célèbres de ces Conciles généraux?*
Ceux de Nicée, de Constantinople, d'Ephèse et de Chalcédoine.

5. *Qu'est-ce que les Pères et les Docteurs de l'Eglise?*
Ce sont de saints et savants personnages qui défendirent la foi par leurs travaux et leurs écrits.

6. *Quels furent les huit grands Docteurs du quatrième au cinquième siècle?*
En Orient : saint Athanase, saint Grégoire de Nazianze, saint Basile et saint Jean Chrysostome. En Occident : saint Ambroise, saint Jérôme, saint Augustin et saint Grégoire le Grand.

LE MOYEN AGE

IV.

L'Église et les Barbares.

1. *Qui sauva le monde romain de la ruine et de la barbarie?*
Ce furent les Évêques, qui se firent les défenseurs des cités contre les barbares, et les moines, qui civilisèrent les envahisseurs.

2. *Citez quelques grands évêques de cette période.*
Saint Aignan, d'Orléans; saint Loup, de Troyes; saint Martin, de Tours; saint Hilaire, de Poitiers.

3. *Qui convertit les Franks?*
Ce fut l'évêque saint Remy, qui baptisa le roi Clovis et plusieurs de ses guerriers.

CONVERSION DE CLOVIS.

4. *Que fit l'Eglise en Espagne?*
Elle y implanta le catholicisme et l'y maintint, malgré les Wisigoths et les Arabes, par les nombreux Conciles réunis à Tolède.

5. *Qui évangélisa la Grande-Bretagne?*
Ce furent des missionnaires envoyés de Rome, au sixième siècle, par le pape saint Grégoire le Grand.

6. *Qui convertit l'Allemagne?*
Le moine irlandais saint Colomban et le moine anglais saint Boniface.

7. *A quelle époque furent évangélisés les Slaves?*
Les Serbes, les Bulgares et les Russes furent évangélisés, au neuvième siècle, par saint Cyrille et saint Méthode, et les Suédois et les Norvégiens, au onzième siècle, par les soins du roi saint Canut.

8. *Les peuples reconnurent-ils les bienfaits de l'Eglise?*

Oui, les chrétiens reconnurent la primauté du Pontife romain et lui donnèrent des biens qui constituèrent le « patrimoine de saint Pierre ».

9. *Qui accrut le pouvoir temporel des Papes?*

Ce furent les rois des Franks, Pépin le Bref et Charlemagne, qui conquirent vingt-deux villes sur les Lombards et les donnèrent au Pape et à ses successeurs.

V.

L'Église en Occident.

1. *Quels sont les grands siècles religieux du Moyen âge?*

Ce sont le douzième et le treizième siècles.

2. *Quelle influence exerça l'Eglise?*

Elle exerça une triple influence : religieuse, intellectuelle et sociale.

3. *Comment fut organisée la hiérarchie?*

Au sommet il y eut le Pape, assisté des cardinaux; au-dessous du Pape, les évêques; au-dessous des évêques, les prêtres et les clercs.

4. *Que fit-on pour le culte?*

On construisit des églises de style byzantin, roman et gothique, et on organisa la Liturgie.

5. *Quels furent les grands Ordres religieux?*

Les plus connus sont : celui des Bénédictins, fondé par saint Benoît; celui des Chartreux, fondé par saint Bruno; celui des Dominicains, fondé par saint Dominique, et celui des Franciscains, fondé par saint François d'Assise.

6. *Quel est le grand fait religieux du Moyen âge?*
Ce sont les croisades.

7. *Dans quel but fit-on les croisades?*
Le but direct des croisades fut la délivrance de la Terre Sainte.

8. *Qui joua le principal rôle dans les croisades?*
Ce fut la France, qui a gardé depuis le protectorat des chrétiens en Orient.

9. *Quelle influence exerça l'Église au point de vue intellectuel?*
Elle créa partout des écoles et des universités.

SAINT LOUIS RENDANT LA JUSTICE.

10. *Quelle fut l'influence sociale de l'Eglise?*
Elle protégea les faibles contre les guerres continuelles en instituant la *Chevalerie* et la *Trêve de Dieu*, et veilla à la subsistance des pauvres par l'institution des œuvres d'assistance publique et de charité.

VI.

Les Luttes de l'Église au Moyen âge.

1. *Contre qui l'Église eut-elle à lutter en Orient?*
Contre le mauvais vouloir des empereurs et des patriarches de Constantinople.

2. *Qu'appelle-t-on « schisme d'Orient » ?*
Par là on entend la révolte de l'Église grecque contre le Pape et sa séparation de l'Église catholique.

3. *Qui fut l'auteur de ce schisme?*
Ce fut Photius, patriarche de Constantinople (ixe s.).

4. *Contre qui l'Eglise eut-elle à lutter en Occident?*
En Allemagne, contre les empereurs, qui voulaient soumettre le clergé à la domination de l'Etat ; en France, contre le roi Philippe le Bel.

5. *Quel est le pape qui résista aux empereurs allemands?*
Ce fut le pape saint Grégoire VII.

6. *Y eut-il des hérésies vers la fin du Moyen âge?*
Oui, et les deux plus célèbres sont : celle des *Albigeois* en France, et celle des *Hussites* en Bohême.

7. *Que fit-on pour combattre l'hérésie?*
Le pape Grégoire IX institua l'*Inquisition.*

8. *Qu'était-ce que l'Inquisition?*
C'était un tribunal chargé de juger, selon les lois de l'Église, les hérétiques qui étaient ensuite livrés au bras séculier.

9. *Dieu abandonna-t-il l'Eglise dans cette période troublée?*
Non, et il lui envoya en particulier de grandes saintes, comme sainte Catherine de Sienne, sainte Brigitte, et la libératrice de la Patrie française, la bienheureuse Jeanne d'Arc.

LES TEMPS MODERNES

VII.

La Révolution protestante et la Réforme catholique.

1. *Pourquoi réclamait-on, au seizième siècle, une réforme dans l'Eglise?*

Parce que les esprits étaient agités par les idées nouvelles de la *Renaissance* et qu'il y avait de graves désordres dans les mœurs.

2. *Qui pouvait faire cette réforme?*

L'Église seule, par ses Papes et ses Conciles.

3. *Qui voulut se mêler de la faire?*

Ce fut, en Allemagne, Luther; en France, Calvin; en Angleterre, Henri VIII.

4. *Comment s'appelèrent leurs partisans?*

Ils s'appelèrent protestants, calvinistes et anglicans.

5. *Comment les réformateurs gagnèrent-ils ces partisans?*

En flattant les mauvaises passions du peuple et en excitant les princes à voler les biens d'Église.

6. *Quelles sont les principales erreurs des protestants?*

Les protestants rejettent la plupart des sacrements, et ne reconnaissent aucune autorité dans l'Eglise.

7. *Qu'arriva-t-il dans les pays où pénétra le protestantisme?*

Les croyances furent troublées, et ce fut pour la société une source de divisions, de haines et de crimes.

8. *Que firent les papes pour combattre l'hérésie et réformer l'Eglise?*

Ils réunirent le Concile de Trente, qui commença en 1545 et ne s'acheva qu'en 1563.

9. *Que fit le Concile de Trente?*

Il affirma la vérité catholique en face de l'erreur et réforma la discipline ecclésiastique.

10. *Citez quelques grands Ordres religieux fondés dans cette période.*

La *Compagnie de Jésus*, fondée par saint Ignace de Loyola; les *Oratoriens*, fondés par saint Philippe de Néri; les *Lazaristes*, fondés par saint Vincent de Paul.

SAINT VINCENT DE PAUL.

11. *L'Eglise compensa-t-elle les pertes que lui avait fait éprouver le protestantisme?*

Oui, car les Dominicains, les Franciscains et les Jésuites lui conquirent des âmes par milliers, en Asie, en Afrique et dans le Nouveau-Monde.

VIII.

L'Église aux XVIIe et XVIIIe siècles.

1. *Quelle est l'hérésie qui troubla l'Église aux dix-septième et dix-huitième siècles?*

C'est le jansénisme, ainsi nommé à cause de Jansénius, évêque d'Ypres, qui en fut l'auteur.

2. *Qu'était-ce que le jansénisme?*

C'était une sorte d'hérésie protestante qui prétendait éloigner les âmes des sacrements de Pénitence et d'Eucharistie, sous prétexte qu'on n'est jamais assez digne de les recevoir.

3. *Qui condamna le jansénisme?*

Ce fut le pape Clément XI, par la bulle *Unigenitus*.

4. *Qu'appelle-t-on* PHILOSOPHES *au dix-huitième siècle?*

C'étaient des hommes qui prétendaient, au nom de la tolérance, donner les mêmes droits à l'erreur et à la vérité, en matière de religion.

5. *Quels sont les plus connus d'entre eux?*

Ce sont : Voltaire, Diderot, J.-J. Rousseau.

6. *Qui adopta surtout leurs idées?*

Plusieurs chefs d'Etat, qui prétendirent régenter le Pape et l'Eglise, entre autres : *Joseph II*, en Autriche; *Pombal*, en Portugal; *d'Aranda*, en Espagne, et les chefs de la Révolution, en France.

7. *Que fit-on en France contre l'Eglise?*

L'Assemblée Constituante confisqua les biens ecclésiastiques et vota la *Constitution civile du Clergé*, qui séparait l'Eglise de France de l'Eglise romaine; la Législative promulgua des décrets de bannissement contre les religieux et les prêtres fidèles; la Convention les mit à mort et établit le culte de la *déesse Raison*.

8. *Combien de temps dura la persécution?*

Elle dura environ dix ans.

IX.

L'Église au XIXe siècle.

1. *Comment l'Église recouvra-t-elle la liberté en France?*

Par le *Concordat de 1801*, négocié entre le pape Pie VII et Bonaparte, premier Consul, qui devint plus tard Napoléon Ier.

2. *Que disait le Concordat de 1801?*

Il disait : 1° que la religion catholique s'exercerait librement et publiquement en France; 2° que le Pape ne réclamerait pas les biens d'Eglise vendus sous la Révolution; 3° que le gouvernement rendrait les églises au culte catholique et assurerait aux évêques et aux prêtres le traitement que la Constituante leur avait promis en compensation des biens dont on les avait dépouillés.

3. *Le Concordat existe-t-il encore?*

Non, il a été supprimé, sans le consentement du Pape, par la *Loi de séparation* de 1905.

4. *Citez deux grands papes au dix-neuvième siècle.*

Pie IX et Léon XIII.

5. *Pourquoi le pontificat de Pie IX a-t-il une importance particulière?*

Parce que ce pape a vu tout ensemble confisquer le patrimoine de saint Pierre et exalter l'autorité spirituelle du vicaire de Jésus-Christ.

6. *Qui a confisqué les Etats pontificaux?*

C'est le roi d'Italie Victor-Emmanuel, qui commit ce sacrilège et cette injustice le 20 septembre 1870.

7. *Quel est l'événement le plus considérable du pontificat de Pie IX?*

C'est la réunion du Concile du Vatican, qui compta plus de sept cents membres, et définit l'*infaillibilité pontificale*.

8. *Par quoi se signala le pontificat de Léon XIII?*

Il se signala : 1° par son action religieuse (condamnation de la franc-maçonnerie, consécration du monde au Sacré-Cœur); 2° par son action intellectuelle (restauration des études ecclésiastiques); 3° par son action sociale (Encyclique *Rerum novarum*, où le Pape traite des intérêts des classes ouvrières).

9. *Qui a succédé à Léon XIII?*

C'est le pape Pie X, glorieusement régnant, depuis 1903.

10. *Citez quelques actes principaux de Pie X.*

Il a préservé l'Eglise de France des embûches de la loi de Séparation; il a ramené l'Eglise entière aux saines traditions eucharistiques en demandant aux fidèles de s'approcher souvent de la Table sainte et en ordonnant qu'on admît les enfants à la communion dès l'âge de raison.

11. *Quelle est la situation actuelle du catholicisme en Europe?*

Il est religion dominante en France, en Italie, en Espagne, en Portugal, en Belgique, en Autriche, et il fait des progrès remarquables dans les autres pays, surtout en Allemagne et en Angleterre.

12. *Quelle est sa situation hors d'Europe?*

Il y a, en Amérique, plus de 30 millions de catholiques; l'Afrique et l'Orient sont évangélisés par les missionnaires, qui créent partout des églises, des écoles et des œuvres de charité.

13. *Faut-il jamais désespérer de l'Église?*

Non, car son histoire nous montre que, depuis dix-neuf siècles, selon la promesse de son divin Fondateur, les « portes de l'enfer » n'ont jamais prévalu contre elle.

QUELQUES ÉVANGILES

L'Évangile, c'est la parole de Dieu. Nous devons le lire assidûment, l'écouter avec respect et recueillir avec soin les enseignements qu'il renferme.

I. Évangile du premier dimanche de l'Avent. — *Le jugement dernier, que nous rappelle cet évangile, est une des vérités les plus capables de toucher nos cœurs et de leur inspirer de fortes et salutaires résolutions.*

En ce temps-là, Jésus dit à ses disciples : Il y aura des signes dans le soleil, dans la lune et dans les étoiles, et, sur la terre, détresse des nations, à cause du bruit confus de la mer et des flots, les hommes séchant de frayeur, dans l'attente de ce qui doit arriver à tout l'univers ; car les puissances des cieux seront ébranlées. Et alors, on verra le Fils de l'homme venant sur une nuée, avec une grande puissance et une grande majesté. Or, lorsque ces choses commenceront à arriver, regardez et levez la tête, parce que votre rédemption approche.

Et il leur proposa cette comparaison : Voyez le figuier et tous les arbres. Lorsqu'ils commencent à produire leur fruit, vous savez que l'été est proche.

De même quand vous verrez arriver ces choses, sachez que le royaume de Dieu est proche. En vérité, je vous le dis, cette race ne passera point, que tout ne s'accomplisse. Le ciel et la terre passeront; mais mes paroles ne passeront point.

II. Évangile de la fête de Noel. — *La naissance de Jésus, avec les circonstances touchantes qui l'entourent; quels sentiments d'amour et de reconnaissance elle doit faire naître en nous!*

En ce temps-là, il parut un édit de César Auguste, ordonnant un recensement de toute la terre. Ce premier recensement fut fait par Cyrinus, gouverneur de Syrie. Et tous allaient se faire enregistrer, chacun dans sa ville. Joseph aussi monta de Nazareth, ville de Galilée, en Judée, dans la ville de David, appelée Bethléem, parce qu'il était de la maison et de la famille de David, pour se faire enregistrer avec Marie son épouse, qui était enceinte.

Or, il arriva, pendant qu'ils étaient là, que les jours où elle devait enfanter furent accomplis. Et elle enfanta son fils premier-né, et elle l'enveloppa de langes, et le coucha dans une crèche, parce qu'il n'y avait pas de place pour eux dans l'hôtellerie.

Et il y avait, dans la même contrée, des bergers qui passaient les veilles de la nuit à la garde de leur troupeau. Et voici qu'un ange du Seigneur leur apparut, et une lumière divine resplendit autour d'eux; et ils furent saisis d'une grande crainte. Et l'ange leur dit : Ne craignez point; car voici que je vous annonce une bonne nouvelle, qui sera le sujet d'une grande joie pour tout le peuple : c'est qu'il vous est né aujourd'hui, dans la ville de David, un Sauveur, qui est le Christ, le Seigneur. Et vous le reconnaîtrez à ce signe : vous trouverez un enfant enveloppé de langes, et couché dans une crèche. Au même instant il se joignit à l'ange une troupe de l'armée céleste, louant Dieu, et disant : Gloire à à Dieu au plus haut des cieux, et, sur la terre, paix aux hommes de bonne volonté.

III. ÉVANGILE DES SAINTS INNOCENTS. — *La cruauté d'Hérode envers le saint Enfant Jésus se continue à travers les siècles. De nos jours, comme au temps d'Hérode, on cherche à perdre l'enfance; mais Dieu la garde comme il garda l'Enfant divin.*

En ce temps-là, voici qu'un ange du Seigneur apparut en songe à Joseph, disant : Lève-toi, prends l'enfant et sa mère, et fuis en Egypte, et restes-y jusqu'à ce que je te parle; car il arrivera qu'Hérode cherchera l'enfant pour le faire mourir. Joseph, s'étant levé, prit l'enfant et sa mère durant la nuit, et se retira en Egypte. Et il y resta jusqu'à la mort d'Hérode, afin que s'accomplît ce que le Seigneur avait dit par le prophète, en ces termes : J'ai rappelé mon Fils d'Égypte.

Alors Hérode, voyant qu'il avait été joué par les Mages, entra dans une grande colère; et il envoya tuer tous les enfants qui étaient à Bethléem et dans tous ses environs, depuis l'âge de deux ans et au-dessous, selon le temps dont il s'était enquis auprès des Mages. Alors s'accomplit ce qui avait été dit par le prophète Jérémie, en ces termes : Une voix a été entendue à Rama, des pleurs et de grandes lamentations : c'est Rachel pleurant ses enfants, et elle n'a pas voulu être consolée, parce qu'ils ne sont plus.

IV. ÉVANGILE DE L'ÉPIPHANIE. — *L'obéissance des mages et leur générosité pour l'Enfant-Dieu sont un admirable modèle que nous devons imiter.*

Jésus étant né à Bethléem de Juda, aux jours du roi Hérode, voici que des Mages d'Orient vinrent à Jérusalem disant : Où est le roi des Juifs, qui vient de naître? Car nous avons vu son étoile en Orient, et nous sommes venus l'adorer. Or, le roi Hérode, l'apprenant, fut troublé, et tout Jérusalem avec lui. Et rassemblant tous les princes des prêtres et les scribes du peuple, il s'enquit d'eux où devait naître le Christ. Et ils lui dirent : A Bethléem de Juda; car il a été ainsi écrit par le prophète : Et toi, Bethléem, terre de Juda, tu n'es certainement pas le plus petit des chefs-lieux de Juda; car c'est de toi que sortira le chef qui régira Israël, mon peuple. Alors Hérode, ayant appelé secrètement les Mages, s'informa d'eux avec soin du temps où l'étoile leur était apparue. Puis les envoyant à Bethléem, il dit : Allez, informez-vous avec soin de l'enfant; et lorsque vous l'aurez trouvé, faites-le moi savoir, afin que moi aussi j'aille l'adorer.

Lorsqu'ils eurent entendu le roi, ils partirent. Et voici que l'étoile qu'ils avaient vue en Orient allait devant eux, jusqu'à ce que, arrivée au-dessus du lieu où était l'enfant, elle s'arrêta. Or, en voyant l'étoile, ils se réjouirent d'une très grande joie. Et entrant dans la maison, ils trouvèrent l'enfant, avec Marie sa mère, et, se prosternant, ils l'adorèrent; puis, ayant ouvert leurs trésors, ils lui offrirent pour présents de l'or, de l'encens et de la myrrhe. Et ayant reçu en songe l'avertissement de ne pas retourner auprès d'Hérode, ils revinrent par un autre chemin dans leur pays.

V. Évangile du troisième dimanche après l'Épiphanie. — *Les miracles que Jésus fait pour guérir les corps ne sont rien en comparaison des miséricordes qu'il a pour nos âmes.*

Lorsque Jésus fut descendu de la montagne, des foules nombreuses le suivirent. Et voici qu'un lépreux vint à lui et l'adora, en disant : Seigneur, si vous voulez, vous pouvez me purifier. Jésus, étendant la main, le toucha, en disant : Je le veux, sois purifié. Et aussitôt sa lèpre fut guérie. Et Jésus lui dit : Garde-toi d'en parler à personne; mais va, montre-toi au prêtre, et offre le don que Moïse a prescrit, afin que cela leur serve de témoignage. Jésus étant entré dans Capharnaüm, un centurion s'approcha de lui, le priant et disant : Seigneur, mon serviteur est couché dans ma maison, atteint de paralysie, et il souffre extrêmement. Jésus lui dit : J'irai et je le guérirai. Mais le centurion lui répondit : Seigneur, je ne suis pas digne que vous entriez dans ma maison ; mais dites seulement une parole, et mon serviteur sera guéri. Car moi, qui suis un homme soumis à la puissance d'un autre, ayant sous moi des soldats, je dis à l'un : Va, et il va; et à l'autre : Viens, et il vient; et à mon serviteur : Fais cela, et il le fait. En l'entendant, Jésus fut dans l'admiration, et dit à ceux qui le suivaient : En vérité, je vous le dis, je n'ai point trouvé une si grande foi dans Israël. Aussi je vous dis que beaucoup viendront de l'Orient et de l'Occident, et auront place au festin avec Abraham, Isaac et Jacob, dans le royaume des cieux; mais les enfants du royaume seront jetés dans les ténèbres extérieures. Là il y aura des pleurs et des grincements de dents. Alors Jésus dit au centurion : Va, et qu'il te soit fait selon que tu as cru. Et son serviteur fut guéri à l'heure même.

VI. Évangile du dimanche de la Septuagésime. — *Il est toujours temps de s'enrôler au service du Seigneur. Les négligences et même les fautes du passé ne doivent pas nous faire douter qu'il ne soit prêt à nous accueillir avec bonté.*

En ce temps-là, Jésus dit à ses disciples cette parabole : Le royaume des cieux est semblable à un père de famille, qui sortit de grand matin, afin de louer des ouvriers pour sa vigne. Et étant convenu avec les ouvriers d'un denier par jour, il les envoya à sa vigne. En sortant vers la troisième heure, il en vit d'autres qui se tenaient oisifs sur la place publique. Et il leur dit : Allez, vous aussi, à ma vigne, et je vous donnerai ce qui sera juste. Et ils y allèrent. Il sortit encore vers la sixième et vers la neuvième heure, et il fit de même. Et étant sorti vers la onzième heure, il en trouva d'autres qui se tenaient là, et il leur dit : Pourquoi vous tenez-vous ici tout le jour sans rien faire? Ils lui dirent : Parce que personne ne nous a loués. Il leur dit : Allez vous aussi à ma vigne. Lorsque le soir fut venu, le maître de la vigne dit à son intendant : Appelle les ouvriers, et paye-leur le salaire, en commençant par les derniers, et en finissant par les premiers. Ceux de la onzième heure vinrent donc, et reçurent chacun un denier. Les premiers, venant à leur tour, pensaient recevoir davantage : mais ils reçurent aussi un denier chacun. Et, en le recevant, ils murmuraient contre le père de famille, disant : Ces derniers n'ont travaillé qu'une heure, et vous les avez traités comme nous, qui avons porté le poids du jour et de la chaleur. Mais il répondit à l'un d'eux : Mon ami, je ne te fais point de tort; n'es-tu pas convenu avec moi d'un denier? Prends ce qui t'appartient, et va-t'en. Je veux donner à ce dernier autant qu'à toi. Ne m'est-il pas permis de faire ce que je veux? Ou ton œil est-il méchant parce que je suis bon? Ainsi les derniers seront les premiers, et les premiers seront les derniers, car il y en a beaucoup d'appelés, mais peu d'élus.

VII. Évangile du jeudi de la deuxième semaine de carême. — *Dieu a des miséricordes infinies pour le pécheur, durant sa vie; il n'aura pour lui, après sa mort, que de terribles châtiments.*

En ce temps-là, Jésus dit aux Pharisiens : Il y avait un homme riche, qui était vêtu de pourpre et de lin, et qui faisait chaque jour une chère splendide. Il y avait aussi un mendiant, nommé Lazare, qui était couché à sa porte, couvert d'ulcères, désirant se rassasier des miettes qui tombaient de la table du riche, et personne ne lui en donnait; mais les chiens venaient et léchaient ses plaies. Or, il arriva que le mendiant mourut, et fut emporté par les anges dans le sein d'Abraham. Le riche mourut aussi, et il fut enseveli dans l'enfer. Et levant les yeux, lorsqu'il était dans les tourments, il vit de loin Abraham, et Lazare dans son sein; et, s'écriant, il dit : Père Abraham, ayez pitié de moi, et envoyez Lazare, afin qu'il trempe l'extrémité de son doigt dans l'eau, pour rafraîchir ma langue, car je suis tourmenté dans cette flamme. Mais Abraham lui dit : Mon fils, souviens-toi que tu as reçu les biens pendant ta vie, et que Lazare a reçu de même les maux; or, maintenant, il est consolé, et toi, tu es tourmenté. De plus, entre nous et vous un grand abîme a été établi; de sorte que ceux qui voudraient passer d'ici vers vous, ou de là venir ici, ne le peuvent. Le riche dit : Je vous supplie donc, père, de l'envoyer dans la maison de mon père; car j'ai cinq frères; afin qu'il leur atteste ces choses, de peur qu'ils ne viennent, eux aussi, dans ce lieu de tourments. Et Abraham lui dit : Ils ont Moïse et les prophètes; qu'ils les écoutent. Et il reprit : Non, père Abraham, mais si quelqu'un des morts va vers eux, ils feront pénitence. Abraham lui dit : S'ils n'écoutent pas Moïse et les prophètes, quand même quelqu'un des morts ressusciterait, ils ne le croiraient pas.

VIII. Évangile du samedi de la deuxième semaine de carême. — *Le fils prodigue, si tendrement accueilli par son père, malgré ses égarements, est la plus touchante figure de Dieu toujours disposé à pardonner au pécheur repentant.*

En ce temps-là, Jésus dit aux pharisiens et aux

scribes cette parabole : Un homme avait deux fils ; et le plus jeune des deux dit à son père : Mon père, donne-moi la part de bien qui doit me revenir. Et le père leur partagea son bien. Et, peu de jours après, le plus jeune fils, ayant rassemblé tout ce qu'il avait, partit pour un pays étranger et lointain, et là il dissipa son bien en vivant dans la débauche. Et, après qu'il eut tout dépensé, il survint une grande famine dans ce pays-là, et il commença à être dans le besoin. Il alla donc, et s'attacha au service d'un des habitants du pays, qui l'envoya dans sa maison des champs pour garder les pourceaux. Et il désirait remplir son ventre de gousses que les pourceaux mangeaient ; mais personne ne lui en donnait. Et, étant rentré en lui-même, il dit : Combien de mercenaires, dans la maison de mon père, ont du pain en abondance, et moi, ici, je meurs de faim ! Je me lèverai et j'irai vers mon père, et je lui dirai : Mon père, j'ai péché contre le ciel et contre toi ; je ne suis plus digne désormais d'être appelé ton fils ; traite-moi comme l'un de tes mercenaires. Et se levant, il vint vers son père.

Comme il était encore loin, son père le vit et fut ému de compassion ; et, accourant, il se jeta à son cou et le baisa. Et le fils lui dit : Mon père, j'ai péché contre le ciel et contre toi ; je ne suis pas digne désormais d'être appelé ton fils. Alors le père dit à ses serviteurs : Vite, apportez la plus belle robe et revêtez-l'en ; et mettez un anneau à sa main et des chaussures à ses pieds ; puis amenez le veau gras et tuez-le ; et mangeons, et faisons bonne chère ; car mon fils que voici était mort, et il est revenu à la vie ; il était perdu, et il est retrouvé. Et ils commencèrent à faire grande chère.

Cependant, son fils aîné était dans les champs ; et comme il revenait et s'approchait de la maison, il entendit la musique et les danses. Et il appela un des serviteurs et demanda ce que c'était. Celui-ci lui dit : Ton frère est revenu et ton père a tué le veau gras, parce qu'il l'a recouvré sain et sauf. Il s'indigna, et ne voulait pas entrer. Son père sortit donc et se mit à le prier. Mais, répondant à son père, il dit : Voilà tant d'années que je te sers, et je n'ai jamais transgressé tes ordres, et jamais tu ne m'as donné un chevreau pour faire bonne chère avec mes amis; mais dès que cet autre fils, qui a dévoré son bien avec des femmes perdues, est revenu, tu as tué pour lui le veau gras. Alors le père lui dit : Mon fils, tu es toujours avec moi, et tout ce que j'ai est à toi; mais il fallait faire bonne chère et se réjouir, parce que ton frère que voici était mort, et qu'il est revenu à la vie; parce qu'il était perdu, et qu'il est retrouvé.

IX. Évangile du jeudi de la quatrième semaine du Carême. — *O Dieu, ressuscitez tous les enfants de l'Eglise qui sont morts par le péché, et rendez-les à leur mère!*

En ce temps-là, Jésus allait dans une ville appelée Naïm; et ses disciples allaient avec lui, ainsi qu'une foule nombreuse. Et comme il approchait de la porte de la ville, voici qu'on emportait un mort, fils unique de sa mère, et celle-ci était veuve; et il y avait avec elle beaucoup de personnes de la ville. Lorsque le Seigneur l'eut vue, touché de compassion pour elle, il lui dit : Ne pleure point. Puis il s'approcha et toucha le cercueil. Ceux qui le portaient s'arrêtèrent. Et il dit : Jeune homme, je te l'ordonne, lève-toi. Et le mort se mit sur son séant, et commença à parler. Et Jésus le rendit à sa mère. Tous furent saisis de crainte, et ils glorifiaient Dieu, en disant : Un grand prophète a surgi parmi nous, et Dieu a visité son peuple.

X. Évangile de la Fète-Dieu. — *Qu'ils sont criminels et ennemis d'eux-mêmes ceux qui se privent du pain de vie!*

En ce temps-là, Jésus dit à la multitude des juifs : Ma chair est vraiment une nourriture, et mon sang est vraiment un breuvage. Celui qui mange ma chair et boit mon sang demeure en moi, et moi en lui. Comme le Père qui m'a envoyé est vivant, et que moi, je vis par le Père, de même celui qui me mange vivra aussi par moi. C'est ici le pain qui est descendu du ciel. Ce n'est pas comme la manne, que vos pères ont mangée, après quoi ils sont morts. Celui qui mange ce pain vivra éternellement.

XI. Évangile du dimanche après la Fète-Dieu. — *Non seulement Notre-Seigneur nous a donné la sainte Eucharistie, qui est son don par excellence, mais il a de saintes insistances pour nous presser de nous en nourrir; c'est tous les jours qu'il voudrait nous voir prendre part au divin banquet.*

En ce temps-là, Jésus dit aux pharisiens cette parabole : Un homme fit un grand souper et invita de nombreux convives. Et à l'heure du souper, il envoya son serviteur dire aux invités de venir, parce que tout était prêt. Mais tous, unanimement, commencèrent à s'excuser. Le premier lui dit : J'ai acheté une terre, et il est nécessaire que j'aille la voir; je t'en prie, excuse-moi. Le second dit : J'ai acheté cinq paires de bœufs, et je vais les essayer; je t'en prie, excuse-moi. Et un autre dit : J'ai épousé une femme, et c'est pourquoi je ne puis venir. A son retour. le serviteur rapporta cela à son maître. Alors le père de famille, irrité, dit à son serviteur : Va promptement sur les places et dans les rues de la ville, et amène ici les pauvres, les estropiés, les aveugles et les boiteux. Le serviteur dit ensuite : Seigneur, ce que vous avez commandé a été fait, et il y a encore de la place. Et le maître dit au serviteur : Va dans les chemins et le long des haies, et contrains les gens d'entrer, afin que ma maison soit remplie. Car je vous le dis, aucun de ces hommes qui avaient été invités ne goûtera de mon souper.

XII. Évangile du sixième dimanche après la Pentecôte. — *La multiplication des pains, pour nourrir la foule, n'est rien en comparaison de l'Eucharistie multipliée chaque jour pour nourrir les âmes.*

En ce temps-là, comme la foule était de nouveau nombreuse et n'avait pas de quoi manger, Jésus appela ses disciples et leur dit : J'ai compassion de cette foule, car voilà trois jours qu'ils sont avec moi, et ils n'ont pas de quoi manger; et si je les renvoie à jeun dans leurs maisons, les forces leur manqueront en chemin, car quelques-uns sont venus de loin. Ses disciples lui répondirent : Comment pourrait-on les rassasier de pain, ici, dans le désert? Et il leur demanda : Combien avez-vous de pains? Ils lui dirent : Sept. Alors il ordonna à la foule de s'asseoir par terre. Et, prenant les sept pains, et ayant rendu grâce, il les rompit et les donna à ses disciples pour les distribuer; et ils les distribuèrent à la foule. Ils avaient encore quelques petits poissons; il les bénit aussi et les fit distribuer. Ils mangèrent donc et furent rassasiés; et on emporta sept corbeilles pleines des morceaux qui étaient restés. Or, ceux qui mangèrent étaient environ quatre mille; et il les renvoya.

XIII. Évangile de la Transfiguration. — *Cette transfiguration de lui-même, Jésus la réserve pour ses élus au ciel. En attendant, il veut nous transformer par sa grâce.*

En ce temps-là, Jésus prit avec lui Pierre, Jacques et Jean son frère, et les conduisit à l'écart sur une haute montagne. Et il fut transfiguré devant eux : son visage resplendit comme le soleil et ses vêtements devinrent blancs comme la neige. Et voici que Moïse et Elie leur apparurent, s'entretenant avec lui. Alors Pierre, prenant la parole, dit à Jésus : Seigneur, il nous est bon d'être ici ; si vous le voulez, faisons-y trois tentes, une pour vous, une pour Moïse et une pour Elie. Comme il parlait encore, voici qu'une nuée lumineuse les couvrit ; et voici qu'une voix sortit de la nuée, disant : Celui-ci est mon fils bien-aimé, en qui j'ai mis toutes mes complaisances ; écoutez-le. Les disciples, l'entendant, tombèrent le visage contre terre, et furent saisis d'une grande crainte. Mais Jésus, s'approchant, les toucha et leur dit : Levez-vous, et ne craignez point. Alors, levant les yeux, ils ne virent plus que Jésus seul.

Lorsqu'ils descendaient de la montagne, Jésus leur donna cet ordre : Ne parlez à personne de ce que vous avez vu, jusqu'à ce que le Fils de l'homme soit ressuscité d'entre les morts.

XIV. Évangile de l'Assomption. — *Une seule chose est nécessaire : sauver son âme; tout le reste doit être ramené à cela.*

En ce temps-là, Jésus entra dans un bourg ; et une femme, nommée Marthe, le reçut dans sa maison. Et elle avait une sœur nommée Marie, qui, assise aux pieds du Seigneur, écoutait sa parole. Mais Marthe s'empressait aux soins multiples du service. Elle s'arrêta et dit : Seigneur, n'avez-vous aucun souci de ce que ma sœur me laisse servir seule? Dites-lui donc de m'aider. Le Seigneur, répondant, lui dit : Marthe, Marthe, tu t'inquiètes et tu te troubles pour beaucoup de choses. Or, une seule chose est nécessaire. Marie a choisi la meilleure part, qui ne lui sera pas ôtée.

XV. Évangiles pour la fête des confesseurs pontifes. — *Chacun de nous doit faire valoir les talents que Dieu lui a donnés, et chacun sera jugé selon sa fidélité à les faire fructifier.*

En ce temps-là, Jésus dit cette parabole à ses disciples : Un homme, partant pour un long voyage, appela ses serviteurs et leur remit ses biens. Il donna à l'un cinq talents, à un autre deux et à un autre un seul, à chacun selon sa capacité; puis il partit aussitôt. Celui qui avait reçu cinq talents s'en alla, les fit valoir, et en gagna cinq autres. De même, celui qui en avait reçu deux en gagna deux autres. Mais celui qui n'en avait reçu qu'un, s'en alla, creusa dans la terre et cacha l'argent de son maître.

Longtemps après, le maître de ces serviteurs revint, et leur fit rendre compte. Et celui qui avait reçu cinq talents s'approcha et présenta cinq autres talents, en disant : Seigneur, vous m'avez remis cinq talents; voici que j'en ai gagné cinq autres. Son maître lui dit : C'est bien, bon et fidèle serviteur; parce que tu as été fidèle en peu de choses, je t'établirai sur beaucoup; entre dans la joie de ton Seigneur.

XVI. *Notre dernier jour nous est inconnu; préparons-nous-y chaque jour.*

En ce temps-là, Jésus dit à ses disciples : Veillez, parce que vous ne savez pas à quelle heure votre Seigneur viendra. Sachez-le bien, si le père de famille savait à quelle heure le voleur doit venir, il veillerait certainement et ne laisserait pas percer sa maison. C'est pourquoi, vous aussi, soyez prêts, car le Fils de l'homme viendra à l'heure que vous ne savez pas.

CANTIQUES

POUR LES RÉUNIONS ET LES FÊTES DU CATÉCHISME

NOTA. — 1° Tous ces cantiques peuvent être facilement chantés, parce qu'ils sont sur des airs réellement connus. Quand il le faut, nous indiquons ces airs en tête des cantiques et refrains.

2° Il est bon de remarquer que les couplets des numéros 3, 11, 12, 15, 18, 19, 24, 25, 26, 28 peuvent tous se chanter sur le même air. Presque tous les nouveaux refrains le peuvent aussi. Donc, grande facilité pour faire chanter les enfants.

---

1. Avant le Catéchisme.

Air spécial, ou : *Vois à tes pieds.*

Salut, aimable et cher asile,
Où Dieu même instruit ses enfants,
Où des beautés de l'Evangile
Il ravit leurs cœurs innocents.

Ref. Air : *Le voici l'Agneau si doux.*

O Jésus, instruisez-moi
De votre Evangile.
Je vivrai dans votre foi,
Je mourrai tranquille.

2. Après le Catéchisme.

Air : *Ave Maria de Lourdes.*

Affermissez, Marie, en mon cœur,
La foi, l'amour pour Dieu mon Sauveur.

---

3. Invocations au Saint-Esprit.

Ref. O Saint-Esprit, venez en nous (*bis*),
Embrasez notre cœur de vos feux (*bis*) les plus doux.

Sans vous, Seigneur, notre prudence
Ne peut, hélas! que s'égarer :
Ah! dissipez notre ignorance (*bis*);
Esprit d'intelligence,
Venez nous éclairer.

Enseignez-nous la divine sagesse :
Seule elle peut nous conduire au bonheur.
Dans ses sentiers qu'heureuse est la jeunesse!
Qu'heureuse est la vieillesse!

---

4. Dignité du chrétien.

Ref. Je suis chrétien! Voilà ma gloire,
Mon espérance et mon soutien,
Mon chant d'amour et de victoire.
Je suis chrétien, je suis chrétien!

Je suis chrétien! Par mon baptême
Le sceau du Christ est sur mon front.
La grâce en ce moment suprême,
De mon âme a lavé l'affront.

Je suis chrétien! J'ai Dieu pour Père,
A sa loi je veux obéir;
Avec sa grâce salutaire,
Pour lui je veux vivre et mourir.

Je suis chrétien! Je suis le frère
De Jésus-Christ, mon rédempteur;
L'aimer, le servir et lui plaire
Fera ma gloire et mon bonheur.

Je suis chrétien! Je suis le temple
De l'Esprit-Saint, du Dieu d'amour;
Celui que tout le ciel contemple
Possède mon cœur sans retour.

Je suis chrétien! O sainte Église,
Je suis devenu votre enfant;
Plein d'amour, d'une foi soumise,
Je suivrai votre enseignement.

Je suis chrétien! J'ai pour bannière
La croix de mon divin Sauveur;
Mes ennemis me font la guerre,
Mais je me ris de leur fureur.

Je suis chrétien! O ma patrie,
Beau ciel, j'irai te voir un jour.
En Dieu je trouverai la vie,
La paix, le bonheur et l'amour.

---

5. Le ciel.

Refrain : Le ciel (*ter*) en est le prix! (*bis*)

Le ciel en est le prix!
Que ces mots sont sublimes!
Des plus belles maximes
Voilà tout le précis :

Le ciel en est le prix!
Mon âme, prends courage;
Ah! si dans l'esclavage
Ici-bas je gémis,

Le ciel en est le prix!
Amusement frivole,
De grand cœur je t'immole
Au pied du crucifix.

Le ciel en est le prix!
Endurons cette injure;
L'amour-propre en murmure,
Mais tout bas je lui dis :

Le ciel en est le prix!
Dans l'éternel empire
Qu'il sera doux de dire :
Tous nos maux sont finis!

---

6. Avent.

Refrain. Venez, divin Messie,
Sauvez nos jours infortunés;
Venez, source de vie.
Venez, venez, venez.

Ah! descendez, hâtez vos pas,
Sauvez les hommes du trépas;
Secourez-nous, ne tardez pas.
Venez, divin Messie,
Sauvez nos jours infortunés;
Venez, source de vie,
Venez, venez, venez.

Ah! désarmez votre courroux;
Nous soupirons à vos genoux;
Seigneur, nous n'espérons qu'en vous.
Pour nous livrer la guerre,
Tous les enfers sont déchaînés;
Descendez sur la terre,
Venez, venez, venez.

Si vous venez en ces bas lieux,
Nous vous verrons victorieux
Fermer l'enfer, ouvrir les cieux.
Nous l'espérons sans cesse;
Les cieux nous furent destinés;
Tenez votre promesse,
Venez, venez, venez.

Ah! puissions-nous chanter un jour,
Dans votre bienheureuse Cour,
Et votre gloire et votre amour!
C'est là l'heureux partage
De ceux que vous prédestinez.
Donnez-nous-en le gage,
Venez, venez, venez.

---

7. Noël.

Ref. Il est né le divin Enfant;
Jouez, hautbois; résonnez, musettes.
Il est né le divin Enfant;
Chantons tous son avènement.

Depuis plus de quatre mille ans,
Nous le promettaient les prophètes;
Depuis plus de quatre mille ans,
Nous attendions cet heureux temps.

Ah! qu'il est beau, qu'il est charmant!
Ah! que ses grâces sont parfaites!
Ah! qu'il est beau, qu'il est charmant!
Qu'il est doux, ce divin Enfant!

Une étable est son logement,
Un peu de paille sa couchette;
Une étable est son logement,
Pour un Dieu, quel abaissement!

Il veut nos cœurs, il les attend,
Il vient en faire la conquête;
Il veut nos cœurs, il les attend,
Qu'ils soient à lui dès ce moment!

O Jésus, ô roi tout-puissant,
Tout petit enfant que vous êtes;
O Jésus, ô roi tout-puissant,
Régnez sur nous entièrement.

---

8. La Première Communion.

O saint autel qu'environnent les anges,
Qu'avec transport aujourd'hui je te vois!
Ici mon Dieu (quel sujet de louanges!)
Se donne à moi pour la première fois.

Refrain. O Jésus, venez à moi
Dans l'Eucharistie.
Je vous ai donné ma foi,
Mon cœur et ma vie.

O mon Sauveur, mon trésor et ma vie,
Maître adoré, dont mon cœur a fait choix!
A ce banquet votre voix me convie!
Venez à moi pour la première fois.

O chérubins, qu'éblouit sa présence,
Ainsi que vous, je l'adore et je crois.
De mon amour soutenez l'impuissance,
Je vais à lui pour la première fois.

Jour de bonheur, à mes vœux si propice,
A te bénir je consacre ma voix.
Du pain céleste, ineffable délice!
Dieu me nourrit pour la première fois.

---

9. Après la consécration.

Refrain. Le voici l'Agneau si doux,
Le vrai pain des anges;
Du ciel il descend pour nous;
Adorons-le tous!

C'est un tendre père,
C'est le bon pasteur,
C'est l'ami sincère,
C'est notre Sauveur.

Par toi, saint mystère,
Objet de ma foi,
Je crois, je révère
Mon maître et mon roi.

De ta vive flamme,
Feu du saint amour,
Consume mon âme
En cet heureux jour.

Mais de ma misère,
Dieu de sainteté,
Que l'aveu sincère
Touche ta bonté.

Epoux de mon âme,
Entends mes soupirs,
Mon cœur te réclame,
Remplis mes désirs.

Le voici, silence!
Oh! quelle faveur,
Mon Jésus s'avance...
Il vient dans mon cœur.

---

10. Après la communion.

Qu'ils sont aimés, grand Dieu, tes tabernacles!
Heureux séjour, asile de mon cœur!
Là, tu te plais à rendre tes oracles,
La foi triomphe et l'amour est vainqueur.

Refrain. Air : *Le voici l'Agneau si doux.*

Jésus vous êtes en moi !
Oui, c'est bien vous-même.
Soyez de mon cœur le roi :
Jésus, je vous aime.

Du saint amour je goûte les délices ;
Le ciel entier, le ciel est dans mon cœur :
Dieu de bonté, de faibles sacrifices
Méritaient-ils cet excès de bonheur ?

Autour de moi, les anges en silence,
D'un Dieu caché contemplent la splendeur.
Anéantis en sa sainte présence,
O chérubins, enviez mon bonheur !

En souverain, Seigneur, commande, immole ;
Règne en mon cœur surtout par ton amour.
Je veux te fuir, adieu, plaisir frivole ;
A Jésus seul j'appartiens sans retour.

---

11. Action de grâces.

Refrain. Ah ! quel bonheur ! (*bis*)
Jésus est dans mon âme. Ah ! quel bonheur ! (*bis*)
Jésus est dans mon cœur !

Amour, honneur et gloire
A Jésus mon Sauveur ;
A lui seul la victoire ;
Qu'il règne dans mon cœur.

A Jésus la victoire
Sur ce monde trompeur :
Je mets toute ma gloire
A servir mon Sauveur.

Que mon sort a de charmes !
Jésus est dans mon cœur :
Je ne crains plus d'alarmes,
Qu'il est doux mon bonheur !

Ma joie est ineffable,
Jésus est dans mon cœur :
De son joug tout aimable,
Je fais tout mon bonheur.

---

12. Chant national au Sacré-Cœur.

Pitié, mon Dieu, c'est pour notre patrie
Que nous prions au pied de cet autel ;
Les bras liés et la face meurtrie,
Elle a porté ses regards vers le ciel.

Refrain. Dieu de clémence,
Dieu protecteur.
Sauvez, sauvez la France,
Par votre sacré Cœur. (*bis*)

Pitié, mon Dieu, pour tant d'hommes fragiles
Vous outrageant sans savoir ce qu'ils font.
Faites renaître en traits indélébiles
Le sceau du Christ imprimé sur leur front.

Pitié, mon Dieu : trop faibles sont nos âmes
Pour désarmer votre juste courroux;
Embrasez-les de généreuses flammes
Et rendez-les moins indignes de vous!

Pitié, mon Dieu : si votre main châtie
Un peuple ingrat qui semble la braver,
Elle commande à la mort, à la vie :
Par un miracle elle peut nous sauver.

Pitié, mon Dieu; sur un nouveau Calvaire
Gémit le chef de votre Eglise en pleurs!
Glorifiez le successeur de Pierre
Par un triomphe égal à ses douleurs.

---

13. Grandeur de Marie.

Refrain. De Marie
Qu'on publie
Et la gloire et les grandeurs;
Qu'on l'honore,
Qu'on l'implore,
Qu'elle règne sur nos cœurs.

De concert avec les anges,
Nous voulons, reine des cieux,
Célébrer par nos louanges
Vos triomphes glorieux.

C'est la Vierge incomparable;
C'est la gloire d'Israël:
A sa voix, sur le coupable
Le pardon descend du ciel.

Qui vers elle, en sa détresse,
A jeté même un seul cri,
Sans trouver dans sa tendresse
Prompt secours et sûr abri?

Pour tout dire, c'est Marie!
Dans ce nom que de douceur!
C'est l'espoir, la paix, la vie,
C'est l'aurore du bonheur.

---

14. Consécration à Marie.

(Offrande des couronnes.)

Bonne Marie,
Je te confie,
Mon cœur ici-bas,
Prends ma couronne,
Je te la donne.
Au ciel n'est-ce pas? } (*bis*)
Tu me la rendras. }

O bonne Mère,
Regarde-moi.
Que ma prière
Monte vers toi.

Vois si je t'aime :
Ici mon cœur
S'offre lui-même
Dans cette fleur.

Oh! qu'elle est belle!
Eh bien! rends-moi,
Rends-moi comme elle,
Digne de toi.

Sous ton empire
Pour moi si doux,
Fais que j'expire
A tes genoux.

---

15. Invocation à Marie.

Vierge notre espérance,
Etends sur nous ton bras.
O reine de la France,
Ne l'abandonne pas.

---

16. Ave Maria de Lourdes.

Refrain. Ave, ave, ave Maria. (*bis*)

Les saints et les anges
En chœurs glorieux
Chantent vos louanges,
O reine des cieux.

Mais nous sur la terre
Sommes vos enfants,
Daignez, bonne mère,
Agréer nos chants.

Comme au temps antique
Chanta Gabriel,
Voici mon cantique,
O reine du ciel!

Guidez de l'enfance
Les pas chancelants;
Sauvez l'innocence
Des adolescents.

Soyez l'espérance
Des pauvres pécheurs,
Pleins de repentance,
Pleurant leurs erreurs.

Loin de sa patrie,
Guidez le soldat;
Protégez sa vie
Au jour du combat.

A l'heure dernière,
Fermez-nous les yeux,
A votre prière
S'ouvriront les cieux.

---

17. Prière à la Sainte Vierge.

Refrain sur l'air : Laudate... Mariam.

O mère, ô mère, nous t'aimerons toujours! (*bis*)

Devant toi, Marie,
Voici tes enfants.
Garde notre vie,
Ecoute nos chants.

Quand l'orage gronde,
Apaise les flots;
De l'enfer, du monde,
Brise les complots.

Ecarte le vice
Bien loin de nos cœurs;
Par toi dans la lice
Nous serons vainqueurs.

A l'heure dernière,
Ferme-nous les yeux.
Et, par ta prière,
Ouvre-nous les cieux.

---

18. Consécration à la Sainte Vierge.

Vois à tes pieds, Vierge Marie,
Les enfants sur qui chaque jour,
S'épanchent de ta main bénie,
Les trésors du divin amour.

Refrain. Tous heureux dans ton sanctuaire,
Nous revenons célébrer tes bienfaits,
Crois-en nos cœurs, auguste et tendre mère,
Nous ne t'oublierons jamais!
Non, non, non, non, jamais, jamais, jamais!

Le monde de sa folle ivresse
En vain nous offre les douceurs;
Loin de sa coupe enchanteresse
Une mère garde nos cœurs.

L'enfer en vain frémit de rage,
Et contre nous lance ses traits;
Marie, aide notre courage;
Nous ne succomberons jamais.

Vierge, notre douce espérance,
Nous t'en prions, guide nos pas.
Ta main conduisit notre enfance;
Protége-nous dans les combats!

A tes bontés toujours fidèle,
Rends nos ennemis impuissants;
Daigne nous couvrir de ton aile.
Marie, exauce tes enfants.

---

19. A saint Joseph.

Refrain. Veille, veille sur tes enfants. (*bis*)

Noble époux de Marie,
Digne objet de nos chants,
Notre cœur t'en supplie,
Veille sur tes enfants.

Le Sauveur sur la terre
Reçut tes soins touchants;
Toi qu'il nomma son père,
Veille sur tes enfants.

Témoin de sa naissance,
Et de ses jeunes ans,
Gardien de son enfance,
Veille sur tes enfants.

Au jour de la colère,
Tu ravis aux tyrans
Le Sauveur et sa mère !
Veille sur tes enfants.

Toi dont l'obéissance,
En ces dangers pressants,
Devint leur providence,
Veille sur tes enfants.

Toi dont la main féconde
A nourri si longtemps
Le créateur du monde,
Veille sur tes enfants.

---

20. Le Salut.

Chrétien, travaille à ton salut;
Quand on le veut, il est facile :
Sauver son âme est le seul but;
Tout autre soin est inutile. (*bis*)

Ref. Sans le salut, sans le salut, pensons-y bien,
Tout ne nous servira de rien. (*bis*)

Oh ! que l'on perd en se perdant !
On perd le céleste héritage,
Et, par un échange effrayant,
On a l'enfer pour son partage. (*bis*)

Que sert de gagner l'univers,
Dit Jésus, si l'on perd son âme,
Et s'il faut au fond des enfers
Brûler dans l'éternelle flamme ? (*bis*)

Mettons donc notre empressement
A chercher la gloire éternelle ;
Tout le reste est amusement,
Vanité, pure bagatelle. (*bis*)

C'est pour toute une éternité
Qu'on est heureux ou misérable.
Que devant cette vérité
Tout ce qui passe est méprisable ! (*bis*)

Grand Dieu ! que tant que nous vivrons,
Cette vérité nous pénètre !
Ah ! faites que nous nous sauvions,
A quelque prix que ce puisse être. (*bis*)

21. Appel de Dieu au Pécheur.

Reviens, pécheur, à ton Dieu qui t'appelle,
Viens au plus tôt te ranger sous sa loi :
Tu n'as été déjà que trop rebelle;
Reviens à lui puisqu'il revient à toi.

Ref. Parce, Domine, parce populo tuo;
Ne in æternum irascaris nobis.
Ou bien, air : *Cor Jesu sacratissimum*,
Pardonnez, pardonnez, Seigneur;
Pardonnez au pécheur.

Pour t'attirer ma voix se fait entendre,
Sans me lasser partout je te poursuis :
D'un Dieu pour toi, du père le plus tendre,
J'ai la bonté, ingrat, et tu me fuis !

Si je suis bon, faut-il que tu m'offenses ?
Ton méchant cœur s'en prévaut chaque jour;
Plus de rigueur vaincrait tes résistances;
Tu m'aimerais si j'avais moins d'amour.

La courte vie est un songe qui passe,
Et de la mort le jour est incertain;
Si j'ai promis de te donner ma grâce,
T'ai-je jamais promis le lendemain ?

Le ciel doit-il te combler de délices
Dans le moment qui suivra ton trépas,
Ou bien l'enfer t'accabler de supplices ?
C'est l'un des deux; et tu n'y penses pas !

---

22. Sauvons notre âme.

Air : *Pitié, mon Dieu.*

Je crains, hélas ! la perte de mon âme :
Pour la sauver, je saurai tout braver.
Daigne, ô Jésus, m'embraser de ta flamme,
Je n'ai qu'une âme, et je veux la sauver.

Refrain. Je n'ai qu'une âme
Qu'il faut sauver ;
De l'éternelle flamme
Je veux la préserver. (*bis*)

Comment peut-on, pour un moment d'ivresse,
Par le démon se laisser enlacer?
Que de regrets suivront cette faiblesse!
Je n'ai qu'une âme, et je veux la sauver!

Quand tout le monde, enivré par le vice,
Pour les enfers se ferait enrôler,
Pour moi, du feu je crains trop le supplice,
Je n'ai qu'une âme, et je veux la sauver.

En vain Satan, le monde et la nature,
Par leurs attraits voudraient me captiver :
J'aime mon Dieu plus que la créature.
Je n'ai qu'une âme, et je veux la sauver!

Reine du ciel, ô ma mère chérie,
De tout péché daignez me préserver :
Priez pour moi, bonne et tendre Marie,
Je n'ai qu'une âme, et je veux la sauver!

---

23. Conversion.

Refrain. Il en est temps, pécheurs,
Convertissez vos cœurs.

Serez-vous donc toujours rebelle
A la voix du Dieu souverain?
Depuis longtemps il vous appelle :
Ah! que ce ne soit plus en vain!

C'est votre Dieu, c'est votre Maître ;
Pour vous, ah! quel est son amour!
N'avez-vous de lui reçu l'être
Que pour l'outrager chaque jour?

En suivant sans cesse du crime
Les vains et dangereux appas,
Vous tombez d'abîme en abîme,
Hélas! et vous n'y pensez pas!

Ah! si d'une mort imprévue
Vous recevez le coup fatal,
C'en est fait, votre âme est perdue,
Et vous aimez encor le mal!

---

24. Renouvellement des promesses du Baptême.

J'engageai ma promesse au baptême,
Mais pour moi d'autres firent serment;
Dans ce jour je vais parler moi-même,
Je m'engage aujourd'hui librement.

Refrain facultatif. Air : *Gravier.*

Oui, je m'engage
A vivre en tout selon ma foi.
Haine au démon! Guerre à sa loi!
Amour au Dieu de mon jeune âge! (*bis*)

Je crois donc en un Dieu trois personnes :
De mon sang je signerais ma foi.
Faible esprit, vainement tu raisonnes,
Je m'engage à le croire et je crois.

A la foi de ce premier mystère
Je joindrai la foi d'un Dieu sauveur.
Sous les lois de l'Eglise ma mère
Je m'engage et d'esprit et de cœur.

Sur les fonts, dans une eau salutaire,
Pour enfant Dieu daigna m'adopter.
Si j'en ai souillé le caractère,
Je m'engage à le mieux respecter.

Je renonce aux pompes de ce monde,
A la chair, à tous ses vains attraits :
Loin de moi, Satan, esprit immonde,
Je m'engage à te fuir pour jamais.

Sur vos pas, ô mon divin modèle,
Plus heureux qu'à la suite des rois,
Plein d'horreur pour ce monde infidèle,
Je m'engage à porter votre croix.

Puisque enfin dans le ciel, ma patrie,
De mes biens vous serez le plus doux,
Dès ce jour, et pour toute ma vie,
Je m'engage, et je suis tout à vous.

---

25. Liberté catholique.

Nous voulons Dieu : Vierge Marie,
Prête l'oreille à nos accents;
Nous t'implorons, mère chérie,
Viens au secours de tes enfants.

Ref. Bénis, ô tendre mère, ce cri de notre foi,
Nous voulons Dieu : c'est notre Père, } (*bis*)
Nous voulons Dieu : c'est notre Roi. }

Nous voulons Dieu dans nos écoles,
Afin qu'on enseigne à nos fils
Sa loi, ses divines paroles,
Sous le regard du crucifix.

Nous voulons Dieu dans notre armée,
Afin que nos jeunes soldats,
En défendant la France aimée,
Soient des héros dans les combats.

Nous voulons Dieu pour que l'Eglise
Puisse enseigner la vérité,
Combattre l'erreur qui divise,
Prêcher à tous la charité.

Nous voulons Dieu : de sa loi sainte
Jurons d'être les défenseurs,
De le servir, libres, sans crainte;
Jusqu'à la mort, à lui nos cœurs.

---

26. Catholique et Français.

Ref. O Marie, ô mère chérie,
Garde au cœur des Français la foi des anciens jours.
Entends du haut du ciel le cri de la patrie :
Catholique et Français toujours !

Garde la foi de notre France
Contre l'audace des méchants;
Mets un terme à l'indifférence,
Confonds l'orgueil des faux savants.

Garde le cœur de notre France
Docile au Pontife romain,
Et maintiens son obéissance
A l'abri du respect humain.

Garde les mœurs de notre France
De tout entraînement mauvais,
Pour résister avec constance,
Change en héros chaque Français.

Garde le sol de notre France,
C'est le royaume de ton fils;
Dans les combats, prends sa défense,
Repousse tous ses ennemis.

Stabat Mater.

Stabat mater dolorosa, Juxta crucem lacrymosa, Dum pendebat filius.

Cujus animam gementem, Contristatam et dolentem, Pertransivit gladius.

O quam tristis et afflicta Fuit illa benedicta Mater unigeniti!

Quæ mœrebat, et dolebat, Pia mater, dum videbat Nati pœnas inclyti.

Quis est homo qui non fleret, Matrem Christi si videret In tanto supplicio?

Quis non posset contristari, Christi matrem contemplari Dolentem cum filio?

Pro peccatis suæ gentis Vidit Jesum in tormentis, Et flagellis subditum.

Vidit suum dulcem natum Moriendo desolatum, Dum emisit spiritum.

Eia, mater, fons amoris, Me sentire vim doloris Fac ut tecum lugeam.

Fac ut ardeat cor meum In amando Christum Deum Ut sibi complaceam.

Sancta mater, istud agas, Crucifixi fige plagas Cordi meo valide.

Tui nati vulnerati, Tam dignati pro me pati, Pœnas mecum divide.

Fac me tecum pie flere, Crucifixo condolere, Donec ego vixero.

Juxta crucem tecum stare, Et me tibi sociare, In planctu desidero.

Virgo virginum præclara, Mihi jam non sis amara, Fac me tecum plangere.

Fac ut portem Christi mortem, Passionis fac consortem, Et plagas recolere.

Fac me plagis vulnerari, Fac me cruce inebriari Et cruore filii.

Flammis ne urar succensus, Per te, Virgo, sim defensus, In die judicii.

Christe, cum sit hinc exire, Da per matrem me venire Ad palmam victoriæ.

Quando corpus morietur, Fac ut animæ donetur Paradisi gloria.

Amen.

TABLE DES MATIÈRES

PRÉLIMINAIRES

	Pages.
Autorisation de Monseigneur l'Archevêque	2
Ordonnance de Monseigneur l'Archevêque	3
Résumé de l'Ordonnance de Monseigneur l'Archevêque sur les Catéchismes et sur la première Communion	5
Exercices de piété. — Prière du matin	7
Prière du soir	16
Actes avant la communion	22
Actes après la communion	23
Prières pour la messe	25
Réponses du servant de messe	33
Vêpres du dimanche	37
Salut du Très Saint-Sacrement	41
Règlement de vie	44
Prières et actes pour la confession. Examen de conscience.	49
Petite Histoire sainte	54

ABRÉGÉ DE LA DOCTRINE CHRÉTIENNE

POUR LES PLUS JEUNES ENFANTS

Leçons.		Pages.
1.	Notions préliminaires	67
2.	De Dieu. - Du Mystère de la Sainte Trinité	68
3.	De Dieu Créateur. — Des Anges	69
4.	Création de l'Homme. — Chute originelle	70
5.	Du Mystère de l'Incarnation	71
6.	Du Mystère de la Rédemption	72
7.	Du Mystère de la Rédemption (*suite*)	73
8.	De l'Eglise	74
9.	Des quatre fins dernières	75
10.	Des vertus théologales	76
11.	Du péché	77
12.	Des Commandements de Dieu	78
13.	Des Commandements de l'Eglise	80
14.	De la Grâce et de la prière	81
15.	Des Sacrements	83
16.	Des Sacrements (*suite*)	84
17.	Des Sacrements (*suite*)	85
18.	Des Sacrements (*suite*)	87

CATÉCHISME

PREMIÈRE PARTIE : *De ce qu'il faut croire.*

1.	Notions préliminaires	88
2.	De Dieu	91
3.	Du Mystère de la Sainte Trinité	93
4.	De Dieu créateur	94
5.	De la création de l'homme	97
6.	De la création de l'homme (*suite*)	99
7.	Du mystère de l'Incarnation	100
8.	Du mystère de l'Incarnation (*suite*)	102
9.	Du mystère de la Rédemption	105
10.	Du mystère de la Rédemption (*suite*)	107
11.	Du Saint-Esprit	109
12.	De l'Eglise	111
13.	Caractères de la véritable Eglise	112

Leçons. Pages.

14. Des Membres qui composent l'Eglise 114
15. De la Communion des Saints. 115
16. De l'Ecriture Sainte. — De la Tradition 117
17. De la Mort. 118
18. Du Jugement. 120
19. Du Paradis. 121
20. De l'Enfer. 122
21. Du Purgatoire. — Des Indulgences. 123

DEUXIÈME PARTIE : *Du Bien qu'il faut faire. Du Mal qu'il faut éviter.*

22. Des Vertus en général.. 126
23. Des Vertus théologales : la Foi. 127
24. Des Vertus théologales : l'Espérance 129
25. Des Vertus théologales : la Charité 129
26. Du Péché 131
27. Des Péchés capitaux ... 134
28. Des Commandements de Dieu. — Du premier commandement 137
29. Du premier commandement (*suite*) 139
30. Du deuxième commandement 141
31. Du troisième commandement. 143
32. Du quatrième commandement. 145
33. Du cinquième commandement. 148
34. Des sixième et neuvième commandements 150
35. Des septième et dixième commandements 151
36. Du huitième commandement. 152
37. Des Commandements de l'Eglise 153
38. Des commandements de l'Eglise (*suite*) 156

TROISIÈME PARTIE : *De la Grâce. — De la Prière. Des Sacrements.*

39. De la Grâce 160
40. De la Prière. 161
41. De l'Oraison dominicale 163
42. De la Salutation angélique. 166
43. Des Sacrements en général. 167
44. Du Baptême. 169
45. De la Confirmation 171
46. Cérémonies de la Confirmation 173
47. Du sacrement de l'Eucharistie. 175
48. Du Saint Sacrifice de la Messe 178
49. De la Communion..... 181
50. Du Sacrement de Pénitence. 183
51. De la Contrition 185
52. De la Confession 188
53. De la pratique de la Confession 190
54. De la Satisfaction...... 192
55. De l'Extrême-Onction. . 193
56. De l'Ordre 195
57. Du Mariage. 197

SUPPLÉMENT

Catéchisme liturgique. 200
Petite Histoire de l'Eglise.. 211
Quelques Evangiles. 224
Cantiques pour les réunions et les fêtes du catéchisme. 237

Toulouse. Éd. PRIVAT, imprimeur de l'Archevêché. — 1119.

www.ingramcontent.com/pod-product-compliance
Ingram Content Group UK Ltd.
Pitfield, Milton Keynes, MK11 3LW, UK
UKHW022052260726
13993UKWH00001B/73